黄仁宇

赫逊河畔谈中国历史

黄仁宇作品系列

生活·讀書·新知 三联书店

Simplified Chinese Copyright © 2015 by SDX Joint Publishing Company.
All Rights Reserved.
本作品简体中文版权由生活·读书·新知三联书店所有。
未经许可，不得翻印。

图书在版编目（CIP）数据

赫逊河畔谈中国历史／（美）黄仁宇著.—北京：生活·读书·新知三联书店，2015.8　（2023.5 重印）
（黄仁宇作品系列）
ISBN 978-7-108-05369-5

Ⅰ.①赫…　Ⅱ.①黄…　Ⅲ.①中国历史－史评－古代－文集　Ⅳ.① K220.7

中国版本图书馆 CIP 数据核字（2015）第 118375 号

责任编辑　潘振平　曾　诚
装帧设计　蔡立国
责任印制　董　欢
出版发行　生活·讀書·新知 三联书店
　　　　　（北京市东城区美术馆东街 22 号 100010）
网　　址　www.sdxjpc.com
图　　字　01-2017-6684
经　　销　新华书店
印　　刷　山东临沂新华印刷物流集团有限责任公司
版　　次　2015 年 8 月北京第 1 版
　　　　　2023 年 5 月北京第 9 次印刷
开　　本　880 毫米×1230 毫米　1/32　印张 7.5
字　　数　157 千字
印　　数　44,001－47,000 册
定　　价　38.00 元

（印装查询：01064002715；邮购查询：01084010542）

目 录

孔　孟 —————————————— 1

秦始皇 —————————————— 6

李　悝 —————————————— 11

司马迁和班固 ————————————— 16

文景之治 —————————————— 20

汉武帝 —————————————— 24

从霍光到王莽 ————————————— 29

何以改革者又是书呆子 ——————————— 35

西汉与东汉 ————————————— 40

光武中兴 —————————————— 45

宦官、女后、外戚和朋党 —————————— 50

魏晋南北朝和浪漫主义 ——————————— 56

长期分裂时的悲剧 ————————————— 63

淝水之战 —————————————— 70

北魏拓跋氏	76
从分裂到统一	83
隋炀帝	90
贞观之治	97
武则天	105
渔阳鼙鼓动地来	117
九重城阙烟尘生	126
"藩镇之祸"的真面目	133
黄巢	141
五代十国	148
宋太祖赵匡胤	156
澶渊之盟	163
王安石变法	171
靖康耻	179
贾似道买公田	187
道学家	195
成吉思汗和忽必烈	204
忽必烈留下的传统	213
元顺帝	222
大陆版卷后琐语	231

孔　孟

在儒家的传统中，孔孟总是形影相随，既有大成至圣，则有亚圣。既有《论语》，则有《孟子》。孔曰"成仁"，孟曰"取义"，他们的宗旨也始终相配合。《史记》说："孟子序诗书，述仲尼之意。"今人冯友兰，也把孔子比做苏格拉底，孟子却可以比做柏拉图。

但是我们仔细比较他们，却也发现很多不相同的地方。最明显的，《论语》中所叙述的孔子，有一种轻松愉快的感觉，不如孟子凡事紧张。所以大成至圣能够以"君子坦荡荡"的风格，避免"小人常戚戚"的态度去保持他的悠闲。孔子令门人言志，只有曾晳最得他的赞许。而曾晳所说的，大致等于我们今天的郊游和野餐，"暮春者，春服既成，冠者五六人，童子六七人，浴乎沂，风乎舞雩，咏而归"。与这种态度截然相对的是孟子"生于忧患，死于安乐"的主张。孔子还说饭菜不做好，这样不吃那样不吃，衣服也要色彩裁剪都合式。孟子却毫不忌讳地提出"庖有肥肉，厩有肥马，民有饥色，野有饿莩"。而且"老羸转乎沟壑壮者散而之四方"等辞句也经常出现在他的嘴中。

孔子没有直接提到人之性善或性恶。《论语》之中，"仁"之一字出现了六十六次，没有两个地方的解释完全相同。但是他既说出虽为圣贤，仍要经常警惕才能防范不仁的话，可见他认为性恶来自先天。他又说"观过，斯知仁矣"，好像这纠正错误，促使自己为善的能力，虽系主动的，但仍要由内外观察而产生。孟子则没有这样犹疑。他曾斩钉截铁地说出："人性之善也，犹水之就下也；人无有不善，水无有不下。"孔子自己承认，他一生学习，到七十岁才能随心所欲不逾矩。孟子的自信，则可以由他自己所说"我善养吾浩然之气"的一句话里看出。这种道德力量，经他解释，纯系内在的由自我产生。所以他说："舜何人也，予何人也，有为者亦若是。"也就是宣示人人都能做圣贤。

孔子对"礼"非常尊重。孔子虽然称赞管仲对国事有贡献，但仍毫不迟疑地攻击他器用排场超过人臣的限度。颜渊是孔子的得意门徒，他死时孔子痛哭流涕，然而孔子却根据"礼"的原则反对颜渊厚葬，又因为"礼"的需要，孔子见南子，使子路感到很不高兴。孔子虽不值阳货的为人，但为了礼尚往来，他仍想趁着阳货不在家的时候去回拜他。孟子就没有这样的耐性。齐宣王称病，他也称病。他见了梁襄王，出来就说："望之不似人君。"鲁平公没有来拜访他，他也不去见鲁平公。他对各国国君的赠仪，或受或不受，全出己意。他做了齐国的吊丧正使，出使滕国，却始终不对副使谈及出使一事。

这中间的不同，不能说与孔孟二人的个性无关。或许《论语》与《孟子》两部书的取材记载不同，也有影响。但是至圣和亚圣，相去约两百年，中国的局势已起了很大的变化。孟子说"此一时也，彼一时也"，这八个字正好可以用来说明他们之间的距离。

孔子生于公元前551年，卒于公元前479年，是春秋时代的末期。孟子的生卒年月，虽不能确定，但是他最活跃的时间，也是战国时代的前中段。《孟子》一书开场即提到他见梁惠王，那是公元前336年的事,距离战国开始已67年,又115年之后秦才灭六国统一中国。在春秋的时候,周朝的封建制度,已不能维持,但是还没有完全败坏。以前各小国各自为政,里面主持国政的卿和大夫以及担任下级军官的士,全部世袭,一切都按成规,也就是说,一切都接受"礼"的约束之原则已不再适用。但是公侯伯子男的互相征伐,仍以道德的名义出之。纵使叛逆篡位也还要邀请与自己利害相关的各方支持。但最最重要的是,这时的战事还未波及全民,不致使父母兄弟妻子离散。

春秋时代的车战,是一种贵族式的战争,有时彼此都以竞技的方式看待,布阵有一定的程序,交战也有公认的原则,也就是仍不离开"礼"的约束。"不为已甚"是当时的一般趋势。根据原则,在某种情形之下,不追击敌人。在某种情形之下,不向主敌射击,不设险以谲诈取胜。既已给敌兵第一下的创伤,不乘势作第二次的戳刺。头发斑白的人,不拘为俘虏。这些态度与欧洲中古的骑士精神很相仿佛,虽然这些原则并不可能全部遵守,但是接战时间短促,参战的人数受车数的限制。总之,春秋时代的战事,显示了社会的不稳性。但战事的本身,却不足以造成社会的全面性动荡。

针对这些条件,孔子对当日情形,还没有完全失望。他的闲雅代表着当时的社会,相对于战国的暴乱而言,还相当的宁静。所以他仍提倡"克己复礼",显示着过去的社会秩序仍可恢复。他有时也发牢骚,说什么"道不行,乘桴浮于海",和"凤鸟不至,河不出图,吾已矣夫"!可是要他表示方针的时候,他的办法端在"正名",也就是恢复一切事物原有的名分。"如有用我者,吾其为东周乎?"更表现一腔复古的热忱。

孟子有时候被人称为有"革命性",这是因为战国时代的动乱,使他知道,只是恢复故态而不改弦更张是不能济事的。齐人准备伐燕,他说燕可伐。齐宣王问他贵戚之卿应做的本分,他说:"君有大过则谏,反复之而不听则易位。"也就是容许废君而另立族中贤人。梁襄王问他:"天下恶乎定?"他答道:"定于一。"襄王又追着问:"孰能一之?"孟子就说:"不嗜杀人者能一之。"他又曾和梁惠王说过"地方百里,而可以王"。这已经不是孔子所说"非礼勿视,非礼勿听,非礼勿言,非礼勿动"的严格规矩了。

孟子开始游说的时候,也正是商鞅受刑,苏秦、张仪提倡合纵连横之季。战国七雄,已经准备长期间的大厮杀。虽然这时候的战事还没有像战国末季的那样剧烈——凡是年龄十五岁以上的都要向防地报到,降卒四十万或四十五万一起坑埋,**所以这时已不再是春秋时代竞技式的战争了。**商鞅相秦,第一件事就是"令民为什伍",即是以一种军事组织的原则,加之全民。在战场上骑兵既登场,步兵人数也大量增加。"斩首六万","斩首七千",已经开始见于各国的记录。孟子说:"今夫天下之人牧,未有不嗜杀人者也。"这段话可能反映着当日各国备战的情节,也可以说是他对当日国君草菅民命的一种控诉。他所说的"民有饥色,野有饿莩"不可能是无的放矢。

在宋朝以后,《孟子》成为"四书"之一,实际上它占"四书"一半以上的篇幅,既为各朝经筵讲解之用,也为科举取士的标准。对中国思想史有无可形容的影响。而亚圣以慈悲为怀的心肠,为民请命,他讲的话有时也富感情性,有时尤任直觉,例如"见牛未见羊","君子远庖厨"。他的性善论必定带着一种强迫性的推论。因人既生性为善,那么强迫人们保持这种天性也不算过分了。这关键处有如卢梭之论自由。他的低水准平等思想——例如"乐岁终身饱,凶年不免于死亡",以及"省刑罚,薄税敛",在一个简单的农业社会里,被奉作经典,同时也符合事实的需要。可是今日我们读《孟子》和《四书》全部,却不能一体视之为政治哲学,一定也要考究他们的历史背景,有时也要和孟子自己所说的一样,"尽信书不如无书"。

为什么孔子和孟子之间会有这样一段距离?为什么春秋阶段与战国阶段会有这样巨大的差别?为什么中国会如此早熟——在纸张都未发明,文书尚用竹简木片传抄之际,即出现至圣亚圣,而且与孟子同一世纪即出现了秦始皇,且对此后的中国有决定性的影响?

对于上述诸问题的背景,前人已经说过:是因为华北黄土地带,耕耘容易,农业既盛,人口增加,交通又便利,商业开始通有无,社会之流动性大。加以铸铁技术出现于春秋战国之间,影响到农具和兵器等等。这些解答都有根据,但是却没有一针见血地指出中国历史地理的特点。春秋战国间剧烈的变化,百家争鸣,最后又以暴力完成统一,在世界历史上是独一无二的现象。其经过应在下节提到秦始皇的时候追论之。

秦始皇

在中国历史上秦始皇是一个令人寻思的人物,他在公元之前,就经过贾谊的责难。迄至近代,既受过章炳麟和萧一山的恭维,也受过顾颉刚和郭沫若的批判。可是我们的好奇心不能因这样的"褒贬"而满足。假使我们撇开嬴政的个性与作为,单说中国在公元前221年,也就是基督尚未诞生前约两百年,即已完成政治上的统一;并且此后以统一为常情,分裂为变态(纵使长期分裂,人心仍趋向统一,即使是流亡的朝廷,仍以统一为职志),这是世界上独一无二的现象。我们也可以问,以欧洲人才之多,何以不曾在公元前后,同样由一个地方较偏僻,交通也不是顶便利的国家(有如波兰或保加利亚)做主,以几代的经营,打败英、德、法、意、奥和西班牙的联军,并吞他们的领土,断绝他们各国皇室的继承,并且将各国文字划一为一种共通的书写系统?这事不但在两千年前不可能,即使两千年后的拿破仑和希特勒都不敢存此念头。由此可知,中外历史之不同,不光是人才和个性的问题了。

1974年之后,"秦俑"出土,这更增加我们思考的机会。这批陶器塑像据估计约为六千到七千个,个个不同。从脸上的表情,还可以看出各人的年龄和性格。有时一人面目紧张,贴邻一人则轻松而微笑,士兵的头发,好像根据"规定"剃束,但髻辫之间,既大同又有小异之处。他们所着靴鞋的鞋底有圆钉。所穿的甲,铁片以皮带穿贯,都根据实物丝毫不苟的模制,步兵和骑兵的制服也不同。并且这几千个塑像带着战车和兵器构成战斗队形,又能大概一致保存艺术和技术上的同一标准。这些地方,也使我们对秦始皇的为人,另有超过以往历史之评价的感想。

比如说,以今日科技之发达,我们要重新塑制这几千个(也可能几万个,因为现在出土之秦俑,尚只有骊山陵墓东部带北的一角)陶俑,也势必要组成委员会,由军官、艺术家、科学家、工程师集思广益地研究设计,才制造得出来。秦始皇既为一个"焚书坑儒"的专制魔王,为何有这样的耐性?他为什么不以军事形式的雷同划一为原则,将几千个人像以模型翻砂式地套制,有如波斯大流士(Darius)宫殿前的装潢,又有如罗马的康斯丁(Arch of Constantine)上面的侧面人像,成排结队地出现,既不必讲究生动,也毋须在艺术角度上斟酌?又很多人指摘秦始皇的迷信,像在陵墓附近配置陶俑就有迷信的嫌疑。可是他如果信神权的话,为什么不采取埃及的办法,将人像塑成几丈高,又设计为鸟头人身,或照印度的办法,造成三头六臂?而偏偏像希腊雅典一样,保存了集体作品之个别的美感?

这些问题,尚待研究。可是从新发现的资料来看,我们也敢确定**中国初期早熟的政治统一,造成"书同文,车同轨"的局面,是一种有历史地理性的组织和一种带群众性质的运动**,有如陶希圣和沈任远的提议,我们应从秦始皇的后面,看清战国时代的社会经济因素,认识农业技术的进步,商业的兴起,客卿在各国政治的地位,以及游侠的活动情形。这些因素,促使中国在秦的领导之下统一。

最近几十年来地质学、气象学和考古学的发现，也可以连贯到中国初期早熟的统一。中国文化发扬于黄河流域。黄河通过黄土地带（loess land）。黄土铺盖着华北几省的广大地区，土质松疏，经常有一百尺到三百尺的深度，因之黄河夹带大量泥沙，随时有阻塞河床，冲破河堤，淹没人畜，损坏耕作物的可能，局部治理无济于事。本来世界主要河流夹带泥土4%或5%已算很高，南美的亚马逊河（Amazon River）夏季能带砂10%到12%。然而1940年间在陕县附近的观测发现，黄河夹砂以重量计达46%。夏季其中三个支流的夹砂量从42.9%到63%。由此也可以看出这问题的严重和庞大了。

因为人口增加，农业技术之进步，所以即使是春秋时代，各小国在黄河附近筑堤也已经妨碍了彼此的安全。但有些国家，还恶意地将灾害加诸邻国。公元前651年齐桓公会诸侯于葵丘，其中有一段盟誓，在各种古籍之中记载略有不同，有的是"无曲防"、"毋曲堤"，有的是"毋雍泉"或"无障谷"。到战国期间，这问题加紧，公元前332年，赵国与齐魏作战即曾将黄河河堤决溃以浸淹对方（见诸《史记》）。又《孟子》一书中，提到治水十一次之多。亚圣自己就对白圭说："禹以四海为壑，今吾子以邻国为壑……吾子过矣！"**足见光是治水一事，中国之中央集权，已无法避免。**秦始皇并非不知道这事，他统一各国后碣石颂秦德，自称"决通川防"。他又改名黄河为"德水"，更称秦为"水德之始"，这都是确切的证据。

季候风与农业的关系，也促使中国在公元前趋向统一。中国农产区的雨量，80%出现于夏季三个月内。季候风由菲律宾海循西北方向吹来，有赖于由新疆方向自西至东的旋风（cyclone）将这气流升高，才能将温度降低，使其中水分凝结为雨。这样一来，下雨或不下雨，全靠两种气流适时适地的聚会。要是它们经常在一处碰头，其地必有水灾；反之即有旱灾。《史记·货殖列传》里说，"六岁穰，六岁旱，十二岁大饥"，已经表现出中国初期农业的艰难。姚善友从《图书集成》及其他资料统计，中国在民国前2270年，有旱灾1392次，水灾1621次，见于官方的报告（此外尚有虫灾，如"蜚"如"螟"，经常见诸《春秋》）。到灾荒时，邻国如不加接济，是为"阻籴"，即可能发生战事。各诸侯可能因婚姻细故、个人恩怨及扩大地盘的野心而动兵戈，参与的人民则更因饥荒所迫而活跃从事。上述的葵丘之会，也有"无遏籴"的彼此保证。《左传》记载因粮食问题发生的争执其著者有如公元前720年，郑国取温之麦，又取成周之禾。公元前647年晋国发生饥荒，秦国予以接济。次年秦国发生饥荒，晋国不感恩图报，反而阻籴。因此两国发生战争。叙事的时候，《左传》也提到"天灾流行，国家代有"。这次战争，秦国胜利，俘虏晋侯。恰巧次年晋国"又饥"，秦伯再加以接济，并且说："吾怨其君，而矜其民。"还有很多战事，书中未叙明原因，根据我们现在推想，类似争执必然不少。

从春秋到战国，上述背景，只能增加国与国间的冲突。根据周朝以前的规定，各国不能随便筑城设防。但这几百年长期的扰攘，却大开各国违"礼"筑城之门。有关的邻国，则因对方设防而备感威胁，更要先发制人。凡此种种设施，都增加中央集权的趋向。过去通过贵族的间接管制，像欧洲骑士样的职业军人都成往迹。现今则只有全面动员，履亩征赋。而且**大国控制资源愈多，对赈灾恤邻更有效，参附的更多，是以有自然的因素支持兼并**。春秋时楚国和随国冲突，一大一小即有"随民馁，楚之嬴"的说法，战国的时候，梁惠王语孟子，"河内凶则移其民于河东，移其粟于河内；河东凶亦然"。经过如此的措施，他就觉得他的地盘应当扩大，人口应当增多。梁惠王个人的希望没有达到，他的想法却有长期历史上的合理性。

所以，全面竞争之后，小国无法生存，因而有趋向整个统一的趋势。始皇灭六国的期间，公元前243年"蝗蔽天下"，前235年"天下大旱"，前230年和前228年均是"大饥"，见于《史记·秦始皇本纪》。所以嬴政又称自己的功劳为"堕坏城郭"和"夷去险阻"，也就是全国对内不设防，食粮全部流通。这样才能"赈救黔首（老百姓），周定四极"。由此看来，再参阅战国以降战事的惨烈，和《孟子》经常提出的"若大旱之望云霓"，"途有饿莩"，以及"凶年饥岁……老弱转乎沟壑，壮者散而之四方"，更感到我们无法责骂秦始皇，虽然我们无从赞同他焚书箝制思想，而他的坑儒（所坑的也未必都是儒），其行动残虐，更不是令人所能同意。无从"褒贬"之余，我们只好强调**中国在公元之前统一，而且自嬴秦之后，以统一为正轨，实有天候和地理的力量支撑着**。

还有一件事，我们无法忘记，即秦始皇是历史上"万里长城"的首创者。这是嬴政统一中国之后命蒙恬率兵三十万，收河南、伐匈奴，在团结对外的条件下，全面筑城。此举更表示他的极权政治，有实际的需要。这一事可以留着下面再说。

李 悝

李悝（音魁）又名李克，在中国历史上是一个不常被提及的人。《汉书·食货志》有段记载：

> 陵夷至于战国，贵诈力而贱仁谊，先富有而后礼让。是时，李悝为魏文侯作尽地力之教，以为地方百里，提封九万顷，除山泽邑居参分去一，为田六百万亩，治田勤谨则亩益三升，不勤则损亦如之。地方百里之增减，辄为粟百八十万石矣。又曰籴甚贵伤民，甚贱伤农，民伤则离散，农伤则国贫。故甚贵与甚贱，其伤一也。善为国者，使民毋伤而农益劝。今一夫挟五口，治田百亩，岁收亩一石半，为粟百五十石，除十一之税十五石，余百三十五石。食，人月一石半，五人终岁为粟九十石，余有四十五石。石三十，为钱千三百五十，除社闾尝新春秋之祠，用钱三百，余千五十。衣，人率用钱三百，五人终岁用千五百，不足四百五十。不幸疾病死丧之费，及上赋敛，又未与此。

魏文侯在位于公元前445至前396年，所以李悝是孔子和孟子间的人物，他的政策也表现着中国封建制度业已崩溃，各地域间的诸侯组织全民，发动生产的情形。《汉书·食货志》里这一段提到以小自耕农作纳税人，注重高度精密耕作（intensive farming），各农家仅有极少的收入，甚或不足，政府切身感到它的命运与上述小自耕农的生存有密切的关系。这些因素，一经透过历史，成为中国以后两千四百年立国的经常状态。

李悝的设施，也创造了一种计划经济（planned economy）**的原始风格。社会的发展，不由它自身做主摸索而成；乃是由政治家以鸟瞰的态度裁夺。**为什么中国的历史，在先秦就有这样的特色？我们追究当日背景，至少可以提出片面的解答。

中国的农业，开始于黄河中游的黄土地带。黄土的土壤能够垂直的堆砌，内中保留着很多由下至上的细管，因之地下的水分能够向上浸淫，不待灌溉，加以土质疏松，在农业初兴的时候，即用最原始的工具，也能在这地区耕耘。在公元前一千多年，同时在这地区出现无数的初期农业部落。将他们予以有系统的组织者，乃是周朝创业之主的文王之子，武王之弟的周公旦。他的设计，以"礼"为依归。所以有一部《周礼》的著作，至今仍传说其作者为周公。

《周礼》的现今版本，在公元前后出现时即被斥为伪书。例如铜质货币出现于东周，较周公要迟好几百年，而《周礼》已经提及铸币的衙门，还解说政府要经常巡视市场，以纠察物价是否公平，商品是否符合标准。这书里也提及中央政府所直接控制的领土方千里，是谓"王畿千里"。此外每五百里见方为一"服"，共有九服。各服内的诸侯因距王都的距离不同，他们向中央政府应尽的义务也有差别。其实周都镐，在今日西安附近，并未向外每边等距离的拓地五千里。以当日技术之简陋，既不能在地图上精密的确定其疆界，也无从于实地立桩勒石。

《周礼》也提到井田制度，那更是中外学者争论的渊薮。有些人说每八家各有地一百亩是为私田，其中一百亩是为公田，有《诗经》为证。又有些人称井田之井为长方形而不是正方形，有些人更说井田整个不可能，全部系杜撰。

我们今日以长时间远距离的姿态观测，《周礼》确在很多地方表现当时行政的精髓，其实际作者是谁无关宏旨。倒是王畿千里外有九服的一种观念，却只用书中一两句话，就已解释得明白。其症结则是中国的中央权力，在技术尚未展开之际，就先要组织千万军民，所以只好先造成理想的数学公式，向下笼罩着过去，很多地方依赖理解能力，**不待详细的实地经验**。我自己曾考唐朝均田制度遗下的资料，也看过宋朝财政的数字，以及明朝的统计，回来对井田制度的结论，则是在平地分田割土如切豆腐干，非不可能，如果确有此种机会，中国的官僚就会按文字行事。可是实际上最理想的办法，通常也不过将假设的几何画案迁就于实地，按情形打折扣，再次之，正方形之井妥协而成长方形，甚至百亩变成七十亩五十亩，八家以七家六家顶着算数，都无不可。总之，**有如王畿和九服，其用几何图案作理想的标准，不出"间架性的设计"（schematic design），这是立法的基点，不是实际考成的尺度。**

周朝人之所谓"礼"，也有一种广泛的解释。传统所谓"礼者理也又履也"，若以"背殡"（即邻国有饥荒，吝不加以粮食接济）一事解释，就是所谓"非礼也"，不仅不礼貌，而且不合情理，违反处世的基本原则。

利用这些条件，更通过宗法社会的组织，周朝创造了中国的封建制度。它和欧洲中世纪的 feudal system 以及日本迄至近世纪的"幕藩制"有若干相似的地方。原则上王室不直接统制全民，财政收入也按"公食贡、大夫食邑、士食田"的间接交纳，层层节制，那土地当然不能买卖，要是土地易主，则根据遗传的金字塔，如"诸侯立家，大夫有二宗，士有隶，子弟"的组织，就会整个垮台了。

公元前6世纪以后，这种制度即无法维持，因为人口激增，货币通行，客卿活跃，战事动员波及全民，鲁国和郑国开始"履亩""作赋"，也就是逾越过去间接管制的办法，国君开始向全民抽税。郑国和晋国又颁布刑法，更是摒弃礼的成规，去普遍的管制全民。上述李悝的"计划经济"行于公元前5世纪和前4世纪之间，其"尽地力之教"，也就是不受封建的约束。商鞅在秦国变法，行于公元前350年，更是全面扫除封建，而整个的代之以"郡县制"。此门一开，国君统制全民，土地可以买卖，官僚不再世袭。所以顾炎武说"封建之废，自周衰之日，而不自于秦也"。

从李悝的计算我们更可以看出一个重要的历史环节。当日天灾频仍，食粮价格极不稳定。《史记·货殖列传》也说"夫粜，二十病农，九十病末"，"上不过八十，下不减三十，则农末俱利"。因此可以看出米贵时石值铜币九十钱，贱时低至石二十钱，相差四倍半，即算平价仍有两倍半以上的出入。因之政府的方针，总在"平准"，也就是要做到"民毋伤而农益劝"。然则粮食生产,到底重要,所以种田的为"本业",其他都为"末业"。传统的重农政策以及低水准平等思想,由来如此。再则货币的流通,也以供食粮流通为第一使命。彭信威作《中国货币史》,称世界上历史中的货币只有两大系统,一是希腊罗马以贵金属作商人整批贸易的工具,一则是中国的贱金属货币,最初即已普遍的行使于民间。又因食粮价格波动之大,商人不一定通有无,也可以"背枲居奇",这样又顺便地解释了传统中国对商人歧视的由来。

从以上情形看来,中国立国最初即与西方迥异,其重点是技术上的着眼不同。先秦从封建到郡县,政治家依赖人类的智力,造成庞大的组织,是以美国汉学家 Herrlee G. Greel 即坚称中国在公元之前,已拥有20世纪超级国家的姿态。可是郡县制也开官僚政治(bureaucratism)之先河。在公元之前即由皇帝遣派官僚向几千万人民征兵抽税受理诉讼及刑事案件,是超时代的政治早熟。因之更难放弃间架性的设计,以至于**一般政令上面冠冕堂皇,下面有名无实,官僚间的逻辑被重视,其程度超过实际行政效能,又仪礼也可以代替行政,种种流弊,到二十世纪不止。而最大的毛病,则是西欧和日本都已以商业组织的精神一切按实情主持国政的时候,中国仍然是亿万军民不能在数目字上管理**。今日我们重读李悝"尽地力之教"的一段,也只能说他的视界宽,不能说他的眼光深。其以简单的数字,笼罩着大量农民,以现代眼光批判,虽早熟仍是原始式的组织。

司马迁和班固

司马迁作《史记》，完成于汉武帝末年。班固作《汉书》，书未成而作者因过去与外戚窦宪的关系，死于狱中，事在和帝永元四年。一属西汉，一属东汉，相去公元前及公元后各约九十年。我们今日看来，这两部书好像联袂而出。其实它们间隔了一百八十年的距离，等于我们之去前清嘉庆年代。

《史记》和《汉书》一为私人著作，另一书稿则经皇帝看过，有国史的色彩。司马迁自称"成一家之言"和"藏之名山"，已经和班固作书的宗旨不同。况且《史记》是通史，《汉书》是断代史。两位作家的个性癖好不同，也使他们取材行文之间，有相当的出入。然则公元前90年和公元后90年，中国的作家和思想家所处的环境已有大幅度的变化。其中一个重要的关键，在于汉武帝用董仲舒之建议，罢黜百家，独尊儒术。其实汉朝立国行杂霸之制，有法家思想。文景之际，施政又有道家精神，董仲舒自己的著作，还掺和着阴阳五行的成分涉及灾异。总之整个汉代思想，是一种有选择性的大综合，早经中外学者阐释。我们在这里要特别强调指出的，**董仲舒之尊儒，并不是以尊儒为目的，而是树立一种统一帝国的正规思想（orthodoxy）**，这有他自己的言辞为证。他曾对武帝说：

《春秋》大一统者，天地之常经，古今之通谊也。今师异道，人异论，百家殊方，指意不同，是以上亡以持一统，法制数变，下不知所守。臣愚以为诸不在六艺之科孔子之术者，皆绝其道，勿使并进。邪辟之说灭息，然后统纪可一而法度可明，民知所从矣。

这段话否定学术的独立性，坦白地承认提倡学术，旨在支持当今政权。武帝之置五经博士，立学校之官，策贤良，都根据这宗旨着眼，从此中国庞大的文官集团，有了他们施政的正统逻辑。司马迁和董仲舒同时，他读书不受这政策的影响。而班固年轻时"正规的"儒家思想，已有一百多年的基础。况且后汉创业之主光武帝刘秀自己就曾为大学生。第二个皇帝明帝刘庄更以学者自居，曾在辟雍（大礼堂）讲《尚书》。第三个皇帝章帝刘炟亲自在白虎观制定五经异同，班固也在列。在这种政权领导下的环境里著书，就难脱离国家所定标准的束缚了。

司马迁和班固一样，自称是周公和孔子的信徒。可是今日我们一打开《史记》，随意翻阅三五处，即可以体会到作者带着一种浪漫主义(romanticism)和个人主义的作风，爽快淋漓，不拘形迹，无腐儒气息。 他自称"少负不羁之才，长无乡曲之誉"，应当是一种真实的写照。他所崇奉的"士为知己用，女为悦己容"也可以说是归源于儒家道德，可是这立场就已经和经过正统限制的所谓儒家不同了。

《史记》里写荆轲和高渐离饮酒击筑，又歌又泣，旁若无人，已近于董仲舒所说的"邪辟"。并且项羽是汉高祖刘邦的死对头,而《史记》里的《项羽本纪》排列在《高祖本纪》之前(若在后代必称"项酋""伪楚",而"本纪"只能降格为"载记")。文中又把项羽写成一个虽暴躁却又浑憨可爱的角色,其英雄末路,令人怜惜。与之相较,刘邦反像一个伪君子。而司马迁形容吕后残虐戚夫人,以致她亲生的儿子孝惠帝指斥她"此非人所为"。班固作《汉书》时,有关刘邦的一段,还大致采取司马迁的材料。但是他的《高后纪》则隐恶扬善,对戚夫人事一字不提,而只在书末《外戚传》内叙及。

《史记》除了《刺客列传》之外,还有《滑稽列传》、《日者列传》和《龟策列传》可谓涉及九流三教,有呈现整个社会之剖面的样子。班固书里虽有《东方朔传》,却不再缕列非正派或下流的文化资料。

司马迁借着《货殖列传》发挥他个人的私利观。"夫千乘之王,万家之侯,百室之君,尚犹患贫,而况匹夫编户之民乎!"他又说:"富者人之情性,所不学而俱欲者也。"而且从他看来,贫穷是做事失败的征象,除了特立独行的人可以例外,其他都应引以为耻。"若至家贫亲老,妻子软弱,岁时无以祭祀进醵,饮食被服不足以自通,如此不惭耻,则无所比矣!"迟至今日两千多年之后,很多受过教育的中国人或敢心里如此想,恐怕不会有很多人嘴里能如此说。

也因其如此,司马迁就受到班固的指责。《汉书》里就有《司马迁传》,内中批评他:"又其是非颇缪于圣人,论大道则先黄老而后六经,序游侠则退处士而进奸雄,述货殖则崇势利而羞贱贫,此其所蔽也。"

这些地方还不足十分地表现班固的正统思想，最使我们看出他的作品在历史上是属于"罢黜百家独尊儒术"之后的产物者，乃是《汉书》里的卷二十《古今人表》。这表里列有古人 1931 人，包括传奇式的人物如女娲氏有巢氏，《论语》中有名的孔门弟子，《春秋》中的国君等，至于秦亡为止。而由作史者"显善昭恶"地按上上至下下区分为三等九则。内中得"上上圣人"者十四人，包括三皇五帝；而以周公孔子殿后。仲尼之外即再无圣人，虽孟子只与颜渊、管仲同属"上中仁人"。老子与商鞅、申子、墨翟、韩非都属"中上"，与孙膑白起一流。刺客荆轲则为中中和孟尝君吕不韦同品。而"下下愚人"里既有蚩尤、共工、三苗，也有倾国倾城的褒姒和妲己。秦始皇虽焚书坑儒，班固只贬之为中下，因为他下面还有二世胡亥列入"下中"，宦官赵高列入"下下"。

从我个人的眼光看来，除非作者束发受教以来，就先培养了一段"常经"和"异道"的观念，决难如此只凭古书里一句一段的叙述即能将这么多的人物列表区分其品格，有如衡量其材之长短。

因此我们也可以推想**世俗观念中儒家的拘泥，并不一定是孔子和他门徒的真性格。多方面那些呆板的型式，还是后人之所造作，其目的在维持文官集团的紧凑。**总算还是中国读书人的运气好，得有太史公司马迁在兰台令班固之前写作，否则没有《史记》，径由《汉书》开二十三史之端，中国史学的传统，必更趋向"文以载道"的方针，更缺乏"百家殊方"的真实性和生动活泼了。

文景之治

汉朝于公元前202年统一全国,分封异姓功臣为王者七国,同姓子弟为王者九国。又有侯国一百余。封侯只食邑,不理民政。王国则俨然独立,"宫室百官同制京师"。这只算是中央权力还没有稳定之前,"不为假王填之,其势不定"的临时办法。所以帝业一确定,刘邦和吕后,就用种种方法,去消灭异姓功臣。内中只有长沙王吴芮被封四月之后病故,可算善终,又四传之后无嗣才国除。其他或遭擒杀,或被逼而亡命于匈奴,统统没有好结果。

而吕后以女主专政,以吕产为相国,吕禄为上将军。吕氏封有三王,引起朝内大臣和朝外诸王嫉妒,酿成"诸吕之乱"。直到吕家势力被扑灭,文帝刘恒被拥戴登极,汉朝帝业,才算稳定。文帝在位二十三年,传位于儿子刘启,是为景帝,在位十六年。这三十九年,从公元前179年到公元前141年,汉朝的政局,开始正规化。根据传统谥法,"道德博闻曰文","由义而济曰景"。文与景都是上好称呼。而刘恒与刘启间轻刑法,减赋税,亲儒臣,求贤良,年岁收成不好就下诏责己,又不大更张,一意与民休息。其恭俭无为,在中国历史上造成"文景之治",是中国统一以来第一次经历史家称羡的时期。

可是今日我们从长时期远距离的立场看来,这一段历史,也要赋予一种新的解释。

中国因赈灾治水及防"虏"的需要，在公元之前完成了统一，在政治上成为一种超时期的早熟。汉高祖刘邦还沛县时，作歌鸣志自称："大风起兮云飞扬，威加海内兮归故乡，安得猛士兮守四方！"可见得他在不经意的时候已经把个人功业和国家安危看作一体。创业既艰难，守成也不容易。因此他与吕后总以巩固新朝代为前提，甚至屠杀功臣，不择手段。从个人的立场，我们不能对他们同情。其残酷少恩，至少和"闻一不义杀一不辜虽得天下不为"的宗旨相违。可是从公众利益着想，我们却又感觉到因当日情况，他们只身负责天下一统的局面之棘手，诚有如1700年后西方的马基雅维利（Machiavelli）著《威权皇子》（*The Prince*）时所说，执政者的恩怨与个人恩怨不同。司马迁记刘邦听说吕后已将他得意功臣韩信处死时，"且喜且怜之"，班固亦称"且喜且哀之"。这样的记述和其他各处文字上描写汉高祖的情形一致，应当是基于事实。

在纸张还未出现文书还靠木简传递之际，中国已经在一个广大的领域上完成统一，不能说不是一大成就。可是今后中国两千年仍要对这成就付出相当代价。各地区间经济因素的成长，是这些地区特殊社会与特殊文化的张本，也就是地方分权的根据。在此种因素及其广泛实施和有关习惯法制都没有发展之际，就先笼头套上一个统一的中央政府，以后地方分权，就无凭藉。各地方连自治的能力都没有，又何遑论及民权？因此就只有皇权的膨胀与巩固。

文景之治，表面上人民受惠，然则其施政不出于"开明专制"（benevolent despotism）的典型。我们也知道：在一个广大的领域之上行专制，必自命开明。因为它执掌绝对的皇权，除了以"受天命"和"替百姓服务"之外，找不出一个更好支持它本身存在及其作为的逻辑。其真伪不论，即算它做得最好，顶多亦不过"民享"（for the people），而不是"民治"（by the people），长期如此，其权力必凝固而为官僚政治。

在文景之治的阶段里，最重要的一个变动，乃是公元前154年"七国之乱"。吴王刘濞是汉高祖的侄子。他的长子刘贤在文帝时侍从皇太子即是后来的景帝饮酒博弈，两人发生争执，刘贤被景帝打死，皇室将他的尸体送还吴国归葬，而吴王坚持送他回长安埋葬，有让文帝景帝受道德责谴的样子，并且兹后即称病不朝。因此这纠葛及人命案可以视作以后吴楚叛变私下里的一个原因。

实际上还有一个原因，则是吴国处于长江下游，煎矿得铜，煮水为盐，吴王即利用这商业的财富，减轻并替代人民的赋税，因之得民心。他又收容人才，接纳各地"豪杰"。根据当日的观念，造反不一定要有存心叛变的证据，只要有叛变的能力也可以算数。所以御史大夫（皇帝的机要秘书长）晁错就说："削之亦反，不削亦反。削之反亟，祸小；不削反迟，祸大。"已指出一个地方政治经济和法制的因素不能任之自由发展的道理。

果然因削藩一事吴王刘濞反，其他楚、赵、济南、菑川、胶东、胶西也反，以诛晁错为名。景帝起先倚错为先朝重臣图吴，这时又受袁盎之计杀错。晁错奉皇帝之召议事，他穿朝衣晋谒，不料被骗，临头碰上一个离间君臣大逆不道的罪名被车载东市而斩首。这样七王就失去了称兵所凭藉的理由。

七国的叛变,也因先朝宿将周亚夫的指挥得当,不出三月而事平,七王皆死,首事者妻子入宫为奴。又十一年之后景帝又以条侯太尉周亚夫"此鞅鞅非少主臣也",也就是看出他经常带有不高兴和不服气的态度,很难在继位皇帝下做社稷之臣的样子,找着细故将他下狱死。这时汉朝同姓子弟的王国,或国除改为郡县,或被分裂为小王国,其官僚亦由朝廷遣派,一到汉武帝初年,残存的王国更有名无实,汉朝实际已恢复秦朝全面郡县的体制。司马迁作《景帝纪》时,注重刘启一朝,为"安危之机"。只有班彪班固父子作《汉书》时才强调文帝"宽忍",景帝"遵业"。又提出"周云成康,汉言文景"的歌颂。

中国官僚制度之下,皇帝是一切争端和是非的最高裁判者,即使对付技术问题,也必予以道德名义。很多事情其解决方法又要迅速确断,因此通常残酷少恩。汉朝的皇帝中,只有第七位宣帝刘询对此情节了解最深,而且直言不讳。他的太子见他因大臣稍出不逊之辞,即将他们处死作诤谏,宣帝即作色说:"汉家自有制度,本以霸王道杂之,奈何纯任德教?"并且叹说:"乱我家者,必太子也!"

这些事迹使我们知道历史资料,不仅是"真人实事",里面经常有很多牵涉出入有待我们重新考虑的情节。我们读史,尤其要注意古今环境之不同,及我们的立场与作史者立场的差异。

汉武帝

在中国历史书内"秦皇汉武"经常互相衔接。而且一提到汉武帝,又离不开"好大喜功"的评价。今天我们看他的纪录,不能否定他是一个特出的人物;但他的功业,仍要在长期的历史上评判。最重要的一点,则是他所开创的局面,后人无法继续。所以我们读他的传记,一定要上与"文景之治"相联袂,而下面"从霍光到王莽",更与他一生有不可分离的关系。

汉武帝刘彻,出身离奇。他的母亲王氏进宫前已婚,曾嫁作金家妇,生有一女。她的母亲亦即是未来皇帝的外祖母,强将她从金家夺回,进与皇太子,是为景帝。刘彻生于公元前156年,至前141年登基,实足年龄当不过十五岁。兹后他在位五十四年,在中国历史上两千多年来是享国最长的君主。这纪录直到18世纪才为清朝的康熙皇帝打破。

从各种资料看来,刘彻的胆子大,也富有想象力,如他常化装微行,几遇不测。他打算进攻西南夷,就在长安附近凿地作"昆明池",以便习练水军。在其他范围之内他也不拘形迹。例如他母亲曾再婚,又有金氏女,人家都隐匿不敢提及,他听到此事,就公然亲自寻访他的半姊,并赐她名号田宅。他的皇后卫子夫曾为歌伎,他宠爱的李夫人,曾为娼女。汉武帝也不是一介蛮夫,没有文华辞藻的雅致。他的宫廷里,既有正规派的儒生如董仲舒,也有诙谐人物如东方朔,更有名士如司马相如。我们再看他悼李夫人的赋（班固称武帝自作），"秋气潜以凄泪兮，桂枝落而销亡"。而且他又似乎看见李夫人的形影，作诗："是邪非邪？立而望之，偏何姗姗来迟！"则又可以想象他不是没有情感的人物。

刘彻未曾在战场里实际指挥作战，但是每有重要战事的部署，今人所谓"战斗序列"的安排都是由他自己做主。而且他也知人善用。卫青是卫子夫的弟弟，霍去病又是卫青的侄子，都以外戚创立不世军功。霍光与霍去病为异母兄弟，兹后更成为汉朝宫廷里的中枢人物。只有李夫人之兄李广利被任为贰师将军，作战不利降于匈奴才算是武帝任人的最大失策。武帝对待臣属，也视人而定。他可以在厕所里见大将军卫青，也可以平常燕居的服装接见大臣，只有右内史（助理机要秘书）汲黯老是据事直言，皇帝偏偏怕他，非戴冠整容，否则宁退避帐中，不去见他。后来因淮阳地方难治，召拜汲黯为太守，汲黯辞不肯就，皇帝就说："顾淮阳吏民不相得，吾徒得君之重，卧而治之。"他也就知道仅以此直言忠臣的名气，就不须特别振作，也可以把这地方处理得很好。后来汲黯在淮阳十年，死在任所。

可是汉武帝也有一般专制魔王的毛病。他一巡视各地区，当地太守或因供应不周，或因境内的配置不如法，纷纷避罪自杀。到他在位后期，朝中也为恐怖政治所笼罩。亲信的大臣如丞相及御史大夫也因小事互相倾轧，失败的只能以身死解脱。皇帝自身即相信神仙，亟求长生不死。他偶一卧病，就相信有人以巫蛊害他。"蛊（蠱）"音古，以三个"虫"字摆在一个"皿"字之上，乃是根据民间传说，巫者将毒虫毒蛇，放在一个器皿之中，让它们互相吞并淘汰，最后一个硕果仅存的怪物，是为蛊。巫者即操纵着这精灵，用咒诅符篆削制木人埋蛊地下诸等方式谋害敌对。公元前91年，刘彻生病，左右传说宫中有巫蛊牵涉皇后及太子刘据。原来武帝严刑峻法，太子仁慈，常有平反。执法大臣深怕刘据一日嗣位，对他们不利。而水衡都尉（管宫殿附近林园）江充，又是"直指绣衣使者"（特务头目）更加离间。刘彻在别宫养病，即皇后皇太子请问皇帝，也不得达。皇太子忿怒之余擒住江充将他处死，于是长安纷称太子谋反。因之两方都召集军队，保皇党与皇太子党在京城大战五日，"死者数万"。结果皇太子兵败自杀，皇后卫子夫也自杀，卫青则已前死。武帝后来悔悟，建"思子宫"，又作"归来望思之台"。

四年之后，武帝临危，才立一个八岁孩子刘弗陵为太子，是为昭帝，而皇帝也将太子的亲母钩弋夫人赐死，其原因是"往古国家所以乱由主少母壮也"。而霍光等即被托"行周公之事"。

为什么一个如此精明强干万机独断的君主，到处置立嗣继统的时候，如此愚暗而没有主张？甚至父子以兵戈相见，贻祸军民？这断不是刘彻和刘据两人间单独的问题，而与武帝所一手布置的西汉帝国有关。

武帝刘彻承文景之后，继续中央集权。公元前127年饬诸侯推恩分子弟邑，令各条上。公元前122年又由削藩引起淮南王和江都王反叛，削平之后，"列侯豪杰死者数万"。公元前112年又因诸侯供奉皇室的酎金成色不合及不如额，夺爵者106人。自高祖以来封侯者至此罢免殆尽。而武帝用桑弘羊、东郭咸阳、孔仅理财，不能被我们轻率地视作"商人参政"。他们并没有利用商业组织及商人资本去增进政府的功能,也没有利用政府威权扶助商业之发展,以便扩大兹后的财源。而鹿币算缗平准均输等无一不是临时筹款的办法,用作军需的消耗。这样一来,**皇帝高高在上统制约五千万到六千万的人民,当中没有一个有效的中层机构或根据地方沿革,或倚赖经济利害,作上下间的枢纽。**即太守刺史也无非皇帝的代表,各地选举孝廉,也仍只能承奉中枢的意旨,因此皇帝之作为,更只能扩充及保障自身的权威。这种情形,表现着中国传统君主专制的一个最大弱点。

钱穆曾说:"中央恭俭无为之治,不能再掩塞社会各方之活气。"汉武的办法,那是利用一种运动,代替组织之不足。如果各地参差不齐,又无法扶植他们作不均衡的发展,则全面动员,经常活动,也可以算作一种出路。**有人就说他"鹰击为治"。他自己也曾对卫青说:"一不出师征伐,天下不安。"**等如今人所谓"将问题外界化"(To externalize the problem)。

只是汉武平定南越,进兵朝鲜,加兵于西南夷,用张骞通西域,凡是本于历史地理上中国传统威力能及之处,都已到达,或已超过。而他八次攻匈奴,也已用尽全部兵力。游牧民族与汉民族作战,有中国不能企及之处,在于他们平时战时,都是骑兵,无须动员。他们进攻或剽窃,经常获得战果。中国之征匈奴,有如御史成进所云,"从之如搏影"。公元前119年刘彻之攻匈奴,可算是汉军一大胜利,但是如时人所说,"千里负担馈饟,率十余钟致一石"。以致出塞官私马十四万匹,辎重不计,入塞不满三万。到武帝末年,"兵革数动,民多买复,及五大夫,千夫,征发之士益鲜"。也就是很多百姓早已出钱免役,到征兵时连下级军官军士级以下的人员都不容易凑数了。

武帝的力量全靠这对内中央集权对外经常征伐支持。他治下之道不拾遗,乃是在严格捕盗的法令下,一次株连几百人以至近千人的威势下逼成,如此已半个世纪。一到他的运动发生困难,他的组织上的弱点也容易给人看穿。在这时候发生继承问题,不仅他自己感到为难,他的臣下左右,也都在私下窃议自身祸福。**迷信与误会,以及刘彻刘据个性之不同,再加以官僚机构间动辄人事僵化的趋向,只更助成其家庭悲剧。**

然则中国政治上的初期早熟,不待经济与法制的组织力量之展开,已如前述。汉武帝登极之三年,即公元前138年,"河水溢于平原,大饥,人相食"的事实,已出现于官方记录。也就是表现着自然的力量无可推避,**因治水与救荒,中国即须组织大帝国对付**,《武帝本纪》内也常有忧水患忧灾荒的叙述。而北方绵亘两千多里的国防线与"15英寸雨量线"吻合。线之西北,经年雨量不及十五英寸,无法经营农业,只是游牧民族出入之处,这威胁也强迫中国统一对付。刘彻用卫青霍去病"度幕"(贯穿沙漠地带),不失为军事史上的壮举,只是他想消灭匈奴的希望,却无法实现。 兹后15英寸雨量线间两方的厮杀,还要继续约两千年,直到康熙帝以新式火炮打败噶尔丹(Galdan)迫他自杀,才解除了游牧民族骑兵的优势,可见得**历史并非全是人为**,我们两千二百年后叙秦皇汉武更无法忽视天候地理因素之重要。

从霍光到王莽

霍光于公元前87年受汉武帝遗命以大将军的身份辅助八岁的昭帝,事昭帝十三年。昭帝无后,霍光迎昌邑王刘贺继位,不出一月,因他"昏乱",夺去他的皇帝玺绶,另迎武帝曾孙刘询登极,是为宣帝。再六年而霍光去世,事在公元前68年。

王莽于公元前一年为大司马(根据习惯至此已有摄政王的声望),也因为哀帝无嗣,迎中山王九岁儿子刘衎为嗣,是为平帝。他在位五年,相传为王莽毒死。兹后王莽又立了一个两岁孩子孺子婴继位,他自己以大司马的身份进为安汉公,先"居摄",次为"假皇帝",至公元9年以"新"代"汉","即真天子位"。他篡位之后也做了十四年多的皇帝,于公元23年为民兵所杀。

他们两人间相去约七八十年。传统历史家把霍光比作伊尹周公。他受命时,已"出入禁闼二十余年,出则奉车,入侍左右,小心谨慎,未尝有过,为人沉静详审"。王莽则像貌类禽兽,"侈口蹶颐,露眼赤精,大声而嘶"。他起先谦恭下士,后来以丹书符契,证明他天授践祚。到他登极时,又亲执孺子之手而泣曰:"昔周公摄位,终得复子明辟,今予独迫皇天威命,不得如意。"

总而言之,这两人一假一真,传统的作史者,务必要强调他们间的差别,以作后人殷鉴。今日我们读史,就算承认其间的真伪,已不是重点之所在，以现在的眼光看来，从霍光到王莽，即是西汉后半期自武帝后一百年不到的时间内，中央政权已无从合理化。

这时间有皇帝六人，即昭帝刘弗陵、宣帝刘询、元帝刘奭、成帝刘骜、哀帝刘欣与平帝刘衎。他们御宇的期间，综合不算过短。其中宣帝在位二十五年，元帝在位十六年，成帝也在位二十六年，而他们三人又是父子孙一脉相承，如果他们要创立一种制度，当然有充分的时间。

然而，因为中国在公元前统一为政治上的初期早熟，既无各地确实统计数字，也不能区划中央与地方的权限。在囫囵情形之下，凡事靠在位者及摄政者随时摆布。真理总是由上至下，施政的名义为道德，执法时只有至善与极恶，其生杀予夺，只引起朝中官员不安。恰巧昭、成、哀、平都无嗣，又要在皇室支裔里找继承人。每次人选二三十人，或多至四五十人，又不照出生顺序选长，通常取幼辈以便于操纵，这样就增加女主的重要。汉朝皇后平日无实权，也任皇帝弃废。只是皇帝一死，皇后成为皇太后，收玺绶，对择嗣有决定性的影响。这一安排，就更使外戚的地位突显。

霍光也是外戚，他与武帝卫皇后家里过去的情形不说，武帝之后又有新关系，恰巧他的儿女又多，他与夫人显共有七女一男。霍光与金日䃅及上官桀同受武帝托孤，乃以女二人分嫁金之子金赏及上官之子上官安。金日䃅不久病死，不涉及下述纠葛。上官安及霍光之女生女才六岁，即立为昭帝的皇后。她十六岁成为皇太后，以后霍光的废立由这外甥女上官皇太后出面做主。

事情还不止如此的简单。公元前 80 年，也还是昭帝时代，上官桀、上官安及御史大夫（机要秘书长）桑弘羊被告阴谋废昭帝而迎燕王刘旦为帝，各人都以谋反判死刑，燕王自杀，霍光才成为朝中唯一首要，"威震海内"。《汉书》说："昭帝既冠，遂委任光，迄十三年，百姓充实，四夷宾服。"

可是公元前 81 年，也就是上官家谋反的前一年，昭帝朝中由各地选举之"贤良"及"文学"和政府官员辩论盐铁专利及最近颁布的酤酒公卖是否应当继续。其记录即为有名的《盐铁论》。单从这文件看来，我们也可以想象霍光作为独裁者的地位，并不十分巩固。就当时制度而言，除非环境逼迫，他断难有兴致地将已行政策，召集大批事不干己的书生评论。事实上贤良和文学虽想废除政府专卖，但争辩时却不着实际地憧憬于一种泛称"教化"的政治哲学，政府方面除桑弘羊外，还有丞相田千秋，他们均能缕举实情反驳。结果只将酤酒公卖停止，盐铁仍由政府专利。《汉书·食货志》就针对此事说："弘羊自以为国兴大利，伐其功，欲为子弟得官，怨望大将军霍光，遂与上官桀等谋反，诛灭。"

所以谋反的真相无法证实，其背景则是昭帝时代，霍光权势还未十分肯定的时候，有赖桑弘羊"舌战群儒"地替他维持盐铁专利，但又不愿和他分权，才又因事牵涉到上官一家，其目的在继续巩固他独头政治的力量，已有端倪。

昭帝既没，昌邑王召后被废，霍光才立宣帝。这时候皇后人选又成了问题，群臣有意霍光之少女霍成君，但是宣帝已有许平君，并已生子即未来之元帝,在他坚持之下许后得立,其后霍夫人显,也不与霍光商量,径遣人入宫以药鸩杀许后,这样霍成君才继之为皇后。如是又四年,直到公元前66年,时霍光已逝世两年,霍家鸩杀许后的情节才被暴露,起先皇帝的态度改变,接着霍家人事也更动,诸女婿的执兵权者一一他派。霍光之子霍禹知道旧事必被追究,想要造反而未遂,密报已达御前,于是皇后被废,霍夫人显以下及诸婿,又霍去病(霍光异母兄)之后人等除自杀外都以大逆罪处死。霍家二十年来的声势烜赫,至此和他们相连坐被诛灭的数十家。

传统的史料里有很多类此的资料,我们对当中纷乱的情形还难能溯本归源地看得清楚,更无法确切判断其间是非真伪。然则皇座前后左右的暧昧游离,只是暴露寡头政治的弱点,也不一定是当事人的旨趣所在。霍光未曾统兵作战,但是他为大将军,儿子亲戚都拥重兵,拱卫朝廷。昭帝对他"虚己敛容"。宣帝则因"大将军光从骖乘,上内严惮之,若有芒刺在背"。《汉书》引茂陵徐福说:"霍氏秉权日久,害之者多矣。"这"害"字乃是指以他为害,亦即是痛恨他们的人多极了。

宣帝实际控制大权之后,减赋税,降低盐价,增加下级官吏的待遇。好在匈奴也分作数支,呼韩邪单于来朝,西汉帝国可以减少边戍。西部藏族的羌人蠢动,也能够以赵充国之屯田对付,因之历史上宣帝获得"中兴"的名称。其实亲儒生,倡仁政,也是从武帝以来的扩充政策改变为收缩政策。武帝于公元前112年将袭侯爵的106人革除为平民,宣帝又到处招寻他们的后裔,加以慰问及赏赐,其主旨在收揽人心。**武帝的过度中央集权，固然不能继续，但是中兴之帝王没有加强其组织，先采取消极手段，也只是放弃其控制的力量**，况且，宣帝也没有正心诚意的行仁政。京兆尹赵广汉、左冯翊（等于京城郊区市长）韩延寿之被判死刑，千年以后司马光还为他们抱不平。司马迁之外孙杨恽曾与友人书称"田彼南山，芜秽不治，种一顷豆，落而为萁"，不过私下里讽议朝廷糊涂，竟因之以"大逆无道"被腰斩。宣帝的儿子元帝向他谏劝，他就说："汉家自有制度，本以霸王道杂之，奈何纯任德教？"即是自认以威势向下制压，造成片面的恐怖政治，在他已是既定方针。

元帝反其道而行，却又被历史家称为"柔仁好儒"。他也是音乐家，能吹奏各种乐器，又能被歌声度曲。成帝嗜酒，好微行，宠爱赵飞燕姊妹。这两个女人都以美善著名。成帝则立其姊为后，妹为昭仪，以至无嗣。一天早上从昭仪床上起来，突然言语失灵行动僵仆地死去。各情形都符合传统亡国之君的尺度。

而元帝之后王政君的父亲则有八男四女，她以成帝生母之资格做皇太后，于是王家十侯五大司马，"外戚莫盛焉"，终构成王莽篡位的条件。

其实这时的大司马，只能加威于朝廷百官，王家兄弟，也并不相得。王凤和王商就互相竞争，王音和王谭，也不和谐。**王莽由侄辈突出，大部靠自己贤能的名誉作本钱，因之能获得作赋名手扬雄以及宗室刘歆等的支持。西汉帝国的问题，则是中央政府逐渐失去对下层的控制，黄河决堤，流民无法周济，也有其他水旱疫疾之灾**。当日的观念,总以为种田的太少,作其他事的太多,总是"舍本逐末"。朝廷能提出的办法,又无非吏治,即提拔好人,惩罚坏人。据 Michael Loewe 的研究,西汉皇帝从公元前 178 年到公元前 2 年因天文及各种阴阳五行的奇异现象发诏书 57 次。迄至公元前 72 年,亦即是迄至霍光主政中期,这种诏书下得少,即下时也多指奇异现象为好兆。以后则下此类诏书 44 次,又动辄称灾异非国家之福。我们若翻阅《汉书》里面的帝纪,内中摘录的文件可称"罪己诏"的,宣帝有 8 次,元帝有 13 次,成帝又有 12 次,这样接二连三承认中枢领导无力,希望以精诚感动军民,即是在传统中国,也不常见。公元前 19 年成帝诏称"黎民娄困于饥寒",以及"帝王之道日以陵夷",不是没有事实的根据。

所以王莽纵矫诈,他所处的背景,则是当日需要一个强有力的政府。西汉的朝廷就产生不了一个强有力的领袖。从他的立场看来,除了篡位之外,也没有办法打开出路了。

何以改革者又是书呆子

王莽何以会失败,曾引起中外学者的争论。五十年前,还有人张扬他为"初期社会主义者"。其实这个比拟不合实际,而且王莽的败亡,有他亲身实历的前后史迹足以解释,用不着我们提供没有发生的情事作假说。

王莽新政涉及虽多,其要点不难缕列。其一是称天下之田为王田,亦即土地国有,各家室占领的面积及使用奴隶人数都有限制,也不得自行买卖。其二则为作"五均""六筦",也就是政府经商,也用金银布匹大钱五铢钱下至龟贝,造成一个彼此能互相更换的货币制度。一为农业政策,一为商业政策,也符合传统所谓"食货"的范畴。其理想则是农民都有田种,货物既流通,价格也公平,高利贷则绝迹。

这种理想,牵涉国家社会的根本,目标远大。可是根据这改革者自己所发诏书的揭示,汉初以来假设全民平等的赋税制度,因为"豪民侵凌,分田劫假"已经名不副实。新莽由于财政困难,公卿以下月禄才得帛一匹,"课计不可理,吏终不得禄",这时候还以为所要的改革可以一纸文书颁布,则天下恪然景从,也未免太乐观了。

西汉与东汉之交,两件事情值得注意:一是政府管制力量降低,民间士族大姓兴起。二是官僚机构膨胀,据估计,中央地方官吏逾 13

万人。**光武帝刘秀崛起于民间，他利用前者的力量，而不为后者所羁绊；王莽则反是**。他不能与巨家大姓抗衡，偏要下诏书和他们作对。他虽改称长安为新安，仍是与积习难返的官僚机构结不解缘。均田则应在农村着手，政府经商也要组织普通商人作第二线及第三线的支持。他对这些事全未着意。

今日我们读《汉书》里面的王莽传，不能忽视此人书呆子的"气派"。比如他用"五威将"巡行各处，乘"乾文车"驾"坤六马"，各人"背负鸢鸟之毛"。他又分大郡为五，郡县以亭为名者三百六十，以应符命。匈奴单于则被他改为"降伏单于"，所辖国土人民也被分为十五部。高句骊则降为"下句骊"。

王莽可能精神失常，他做皇帝时总是接受外间至大的压力，也经常通宵达旦地工作。然则，他也有很多我们在今日视作离奇的办法，例如事前造成理想上的数学公式都须用在真人实事上，以一种象征性的指示当作实际的设施，注重视觉听觉上的对称均衡，不注重组织的具体联系，这些都与传统中国思想史有关。这也是初期政治早熟，技术供应不及时的产物。因为统治这庞大帝国，包罗万象，即使博士顾问，也必须保证对万绪千头的事物，都有知能上的掌握，才能表彰皇权之万能。于是只有将原始片面的见解牵扯着笼罩着去推衍出来一个内中凡事都能互相关联而有规律性的宇宙。

在汉朝提倡"天人合一"的著名人物，首推董仲舒。他对武帝策问时就已提出"为政而宜于民者，固当受禄于天"的解说。他的《春秋繁露》更是阴阳五行的渊薮。凡是春夏秋冬、东西南北中也都与木火土金水有关，也与五官五味天地父子"各如其序"。董仲舒自己言灾异，几乎闯下大祸，幸经武帝赦免。可是阴阳五行的假科学（pseudo-science）经此一代大儒的提倡，成为众所周知的真理。因为"火居南方而主夏气"，又与军事相配，所以《汉书》五行志指出汉武帝几次伐匈奴都在春夏之间有大旱之年施行，只是书里没有讲明究系因天旱而动干戈，或是因为起兵戎而有旱灾，或者两者都因"夏气"旺盛之故。同书天文志也指明"经常星宿"（常见的星和星的集团）"皆有州国官宫物类之象"。从西汉到东汉，这种信仰只有变本加厉。《续汉书》的仪礼志更记载冬至日来临之前夜，京城百官都于夜漏未尽五刻时（约等于现在晨六时）穿黑衣服，迎气于"黑郊"，行礼毕，改穿红色袍服。乃是因为冬至那天昼最短夜最长，以后白昼渐长，黑夜趋短，也就是阴去阳来，朝廷也要集体的相时而动，才能"承天理物"。也还要在那一天权量水之轻重，确定晷影之长短，并且调整乐器。这也就是乘着"节气"之气，对凡与数目字有关的工具，给予一番饬备。

凡是一种动作，都有阴阳的关系在内，凡是数种事物，既有自然赋予的一定序列，则可以用数目字解释，并不与现代科学冲突。就是拥护王莽的刘歆，解释下雨为阴气不能上达，阳气又无可下透，也可以说是用一种美感的方式（aesthetically）阐述一种物理现象。所以李约瑟（Joseph Needham）说中国哲学家猜测自然的奥妙与希腊古代思想家不相上下。我们则觉得希腊思想家还只认为自然法规（natural law）须待不断的发现，才能不断的展开。汉代思想家如董仲舒等则以为人类应有的知识都已在掌握中,并且自然的现象,正常与非正常,都与人事有关,凡人一眼即可看穿。这当中已有一段很大的区别。而中国思想家最大的负担,则是他们所揭橥的知识很难与朝政分离。

光武帝刘秀也重图谶。他和郑兴讨论郊祀,有下面这段记载:

曰:"吾欲以谶断之,何如?"对曰:"臣不为谶。"帝怒曰:"卿不为谶,非之邪?"兴惶恐曰:"臣于书有所未学,而无所非也。"帝意乃解。

这也证明专制君主需要一种意识形态做他行动的张本,臣下很难抗拒,因为不支持它,就是反对他。郑兴只好服输,自己承认学术浅陋,不如圣见高明,才得脱身。

在同样的情形下,我们也可猜想以当日文字传递的艰难(纸张仅于公元105年前后出现),加以政府收揽读书人之广泛,凡与当局意识形态格不相与的知识就很难普及。东汉之张衡作浑天仪,又于公元132年作地动仪,能不待各处报告,预知何方地震。他的浑天说,称天如鸡卵,地如卵黄,日行一度,共$365\frac{1}{4}$度,他又算出圆径之π为3.1622。可是他为宦官所谗,自己也不如意,还不敢向皇帝直说,"及后之著作,多不详典,时人追恨之。"这和董仲舒所著"十余万言,皆传于后世",有霄壤之别。比张衡还要早约五十年的王充,对当日迷信作有系统的批判,所著《论衡》二十余万言,但是他人为"异人",书为"异书"。《后汉书》里写他的传记,只聊聊数十行,除了说他所著书,"始若诡异,终有实理"之外,无一字一句之抄录。可见得以知识本身为目的的知识,总有与时尚不合的趋势。

从这些观点出发,我们回头看王莽:《隋书》经籍志说:"王莽好符命,光武以图谶兴,遂盛行于世。"从此也看出**新莽与光武帝刘秀**同以原始型的信仰带有神秘性的色彩,去支持他们的帝业,并无基本上的差别。可是除此之外,刘秀注重实际的组织,有步骤地达到他的目的。**王莽则眼高手低**,只能宣扬天下大局应当如是,做事经常文不对题,**可能被他自己的宣传所蒙蔽**。作他的传记者只要把他的诏书前后摘录,也可以给人看出这位改革专家,实际上仍是一个大书呆子。

西汉与东汉

西汉与东汉,究竟应当在历史上视为两个不同的帝国,或者看作一个整体的朝代,是一个耐人寻味的问题。

两汉在公元前及公元后各历时约两百年,中间经过新莽的中断十五年,如果视为一个朝代,则它连亘四个多世纪,为上承秦始皇下迄满清两千年来帝祚最长的一个朝代。

中国的人口,据称经过王莽后有大量的损耗,可是后来经过东汉的休养生息,也渐渐恢复原状。官方的统计,常有讹漏,至汉亡时仲长统的估计,应逾千万户。则两汉在正常状态下,人口总数应当是五千万到六千万之间,公元前及公元后并无显著的差别。

以疆域及兵力威势之所及而言,则两汉间的变动亦少。汉武帝在朝鲜半岛开拓的立足点,东汉也能大概维持。交阯反叛,有马援平定。汉武帝还要竭全国之力伐匈奴。这游牧民族在王莽后永远的分为南北,给东汉窦宪一个绝好的机会。他在公元89年的北征,出塞三千里,各部降者二十万人,他的部下更追逐五千里,以致北单于"不知所终"。西汉既有张骞之通西域,东汉则有班超打破他的纪录。班超筹划"兵可不费中国而粮食自足"。他由中土率领出塞的不过志愿军千多人,后来接济他的也不过兵士八百人,他竟能"以夷制夷"。攻莎车(Yarkand)时发兵两万五千。公元94年更合西域八国兵七万人讨焉耆（Karashar）。

只是东汉有一个边疆问题，其棘手的程度，为西汉所无，此即是青海草原地区的羌人。这些藏族游牧民族，没有统一的组织，各部落时合时分。有时汉人也欺凌他们，引起双方的仇杀，战事经常发生，每次双方的死伤各逾数千。草原地带既无法占领，东汉的移民实边也极耗费。即招羌人内属不仅无实效且有后患，汉亡之前夕董卓的拥兵自重，即靠羌人编成的部队撑腰。这种部队，只有他能指挥，旁人无法管驭。

可是事虽如此，在当时人看来，纵算西汉都长安，承土运，所以一切以黄色为尚，东汉都洛阳，交火运，所以旌旗衣饰概以红色为主，实际上只有一个朝代。光武帝刘秀，出自汉文景帝的苗裔，也是汉高祖刘邦的九世孙。他在洛阳重建太庙之后，只奉祀西汉的君主到元帝为止。因为对光武讲，元帝仍属父辈，成帝则为兄弟，哀帝已属侄辈，平帝更算是侄孙，都不在太庙奉祀之内。光武更因吕后不遵高祖遗嘱，引起诸吕之患，虽然事隔两百年，仍将她的灵位撤去，而代之以文帝生母薄太后的灵主。因之他自己更是公元前建国以来从父系母系上讲都是名正言顺一脉相传的继承人。于是刘秀在历史上称为"中兴之主"。

最近几十年来从考古所得，已给我们一个体会汉朝日常生活的机会。这些资料也给以上的问题，赋予部分的解答。出土的文物，包括衣食住行的各项资料，如无实物，即有模型图解。因之小至文具印章，大至仓厕炉灶，更大至于楼台榭阁，都可以一目了然。汉朝一般人的思想，认为生与死没有绝大的差别。阴冥虽有蛇鬼妖孽，生人也要对死者祭祀供献，却用不着洗罪感恩皈依超度。因为如此，所以汉代坟墓里缺乏我们今日认为有宗教性的标帜与装潢，却有以日常生活为题材的镌刻。这些碑画，内向对棺椁，好像专供死者欣赏，其中有的引用历史故事，例如荆轲刺秦王，汉武汾上得宝鼎，有的则镌刻车马宫室，庭院厨厩，农田作业，市廛买卖，甚至方伎杂耍。其广泛真切可以给研究历史的人一开眼界。

　　从这些资料看来，再加史实的证明，我们可以说**汉朝四百多年内，文化生活已有很长足的进步。从多方面讲，中等以上住户的生活，较之近世纪，已无显著的差别。**中外学者一致将这成就归功于两汉的重农政策。政府既竭力培植小自耕农，而冶铁公卖，则西汉全国统筹，东汉各地做主，也使标准农具普遍的及于一般农户。而且地方官员经常兴水利，论稼穑，有如《汉书》及《后汉书》循吏列传之所叙。从这些方面看来，**中国的初期统一，以淳朴雷同的法制加于广大的地区，不是完全没有好处。**同时在这种原始的重农政策之下，东汉与西汉，也确实有承前接后的联系。若非如此，则其人口与版图，就甚难如此互相凑合。

　　但是这问题仍可倒转来看：要是两汉确是一脉相传，何以两个时期的历史学（historiography）会有这样大的差异？**今日我们展读西汉的历史，不期而然地会感觉到内中有很多令人兴奋、令人竦惧、令人**

嗟叹、令人惊讶的地方。这种特点，很难在东汉史里看到。即使现今《剑桥中国史》的主编人 Denis Twitchett 也曾对我说找不出一部读来令人觉得满意的后汉史。这原因又在什么地方？

从现代的眼光看来，西汉帝国仍在草创时代，即是文景之治，武帝之用董仲舒的思想管制，霍光的专权，宣帝的称杂霸，都离不开一种试验性质，所以能勾动读史者的好奇心。东汉的君主，就没有这种创作的机会。其中主要的原因则是帝国的粗胚胎稳定之后，立法不能展开。君权既要保持各地方的对称与均衡，就无从分割，也不能根据实况合理化。这情形曾引起仲长统说，三公都是虚设，到头仍是寡头政治。同时官僚机构的组织，由上至下，只用刑法做主宰，没有民法的支持。法律既不能相次展开，民间经济发达到某种程度，政府在技能上无力处理社会所产生之各种繁复问题。朝中的权力斗争，却仍以道德的名义作张本，其中女后、外戚、宦官、朋党搅作一堆，公事与私事混淆。今日之读史者，除了觉得资料重复，纠缠啰嗦之外，也很难分析其后面问题的真面目，更难判断谁是谁非。

严格讲来，东汉或后汉只有起首的三个君主能有所作为；此即光武帝刘秀之"中兴"，明帝刘庄的用严刑峻法巩固其帝国，并用各种建筑及仪礼使君权神秘化和美术化，与章帝刘炟之重申儒家宗旨，以加强施政时道德力量的支持。

而其实也只有"中兴"是创举。承认"中兴"，则西汉与东汉是为一元。

这样看来，东汉的历史没有写得好，也不足为怪。一个国家的法制逾四百年没有实质的改进,其行政不能表现活跃与生机,只好说是时势所必然。纪西汉的《汉书》提供刑法志、食货志和沟洫志等材料,纪东汉的《后汉书》则全部付诸阙如,而代以很多列女、蛇孽、法冠、赤绶的叙述。这和作史者的眼光手法不无关系(《后汉书》也和《汉书》一样,并非出于一人手笔),而当中仍有一个关键,则是从**长期的历史眼光看来,后汉因袭前代过甚,只能继续充实一个原始型以小自耕农作基干的大帝国,不能替中国打开新局面。**

光武中兴

光武帝刘秀,是中国历史上典型的成功人物。但是要说他"内圣外王",则甚为牵强。况且我们今日评议他,也不是以评议人物为目的,而是因为原始材料缺乏叙述社会剖面的文章,我们只能从上层人物之作为,顺带看出当日社会中层与下层的一般概况。

刘秀的六世祖为长沙定王,是西汉景帝的十四个儿子封王者之一。以后他的祖先历经侯、太守、都尉、县令,叠次由贵族下降,经过上层中层官僚的身份而至一般平民。王莽时代,刘秀曾在长安上学,因为资用不给,他和同学集钱买驴,而由从仆牵着替人载物取值。他也曾出过面经理他叔父的诉讼,也曾在灾荒的年代出卖谷物,所以为人精于计算,在社会上讲则属于中下级的绅商。

以后和他起事之任将帅者,大概与他背景相似,也代表着一个富于流动性的社会阶层。吴汉则曾为马贩,邓晨为官绅子,"大树将军"冯异为五县郡掾(等于近代道台的科长或书记),王霸为狱吏,李通为富商,只有王常从绿林出身,才真是亡命之徒。这些条件也使我们想象**王莽末年,"寇盗蜂起",由于民变波及到中层社会,才引起全国反叛**。到这时候刘秀与他的哥哥刘縯才纠集"宾客",举大事。大概王莽以居摄身份,做过多年"假皇帝",也做过十多年"真皇帝",所以揭竿而起的仍是造反,而不一定即被认为"起义"。刘縯发难,各家子弟都还避匿，后来听说刘秀也已参加，才说"谨厚者亦复为之"，于是打破了造反与起义间的隔膜。但是也还赖刘縯之说服王常，拉拢来属于绿林的"下江诸将"，刘家的"汉军"，才掌握了最初基本的军事实力。而且这些人物也多是年轻人。光武起事时二十八岁；在最初不愿参加，直到光武安集河北时，方始参与的邓禹二十四岁；另一个在北方投效的将领耿弇才二十一岁。

刘家兄弟虽在这次运动里起了领导作用，代表刘汉光复的却不只他们二人。族兄刘玄更拥有绿林所属"新市兵"的推戴，于公元23年被立为皇帝，是为"更始帝"。他因为嫉妒刘縯的声望，因故将他处死。刘秀不但不为兄报仇，也不哭泣服丧，反亲见刘玄，表示并无芥蒂。他可能在这时候，就已策定了今后的长久计划。在当日全国独立称王的有十多个集团。王莽拥有从洛阳到长安的地盘。更始帝及所属绿林，由今日之湖北西北透过河南西南向这地区前进。山东之赤眉，也自青州、徐州向西觊觎同一地区，他们迟早必杀得你死我活。并且这整个大区域，汉人称为"关东"，是连年遭受天灾损失最重的地方。所收拾的流寇也不见得可以整顿得好。所以他在王莽授首的一个月内，获得更始帝的任命以破虏将军的名义和刘家宗室的身份到北方绥靖各处，这才给他造成一个独立自主，不在羽翼未全的时候给人打垮的机会。他北行之前，以寇恂为河内太守，防制其他部队渡河蹑其后尾。兹后寇恂"伐淇园之竹，为矢百余万"。刘秀北行抵邯郸，此地即有王郎称帝，他也自顾力尚未丰，只采取迂回战略，径向极北定县蓟州各处，一路以劝服征伐等方式，集合几万人的兵力，于次年春夏之交，才回头拔邯郸诛王郎。这是**用南北轴心作军事行动的方针，以边区的新兴力量问鼎中原，超过其他军事集团的战略。**

公元25年，王莽前所立的孺子婴又被人拥立为帝。此人也确实较其他任何人更有名分能继承汉朝社稷，所以更始帝刘玄也要去讨伐他，使他身首异处。刘秀则仅须在侧观望。到这年六月，他才在"诸将固请"又有"赤符天命"的情形下即皇帝位。尔后几个月内赤眉入长安，刘玄降赤眉，又被赤眉所杀。光武则先收复洛阳，次收复长安，皆可算水到渠成。自此，他在洛阳长安间的根据地就再未受任何严重的威胁。虽说各方的征伐仍旷日持久，一直到公元36年最后一个对头公孙述战死于成都，光武帝刘秀才算削平群雄。

刘秀要统率驾驭很多不容易领导的人物，而都能够补短截长，互相牵制，除了他的宗室身份、谨厚的声名和天命的心理准备之外，他具有领导能力的天才不能否定。同时他对大小事宜，都亲身督察经营，毫不松懈。他也常在局势艰危的时候，冒生命危险亲临前线。有人说他平生"见小敌怯，见大敌勇"。我们也可以想象大敌已在他预料之中，若不规避，一定是准备好一决雌雄，所以能临危不惧。反而是小敌会出其不意地出现，需要警惕，否则处置不当，可以牵一发而动全身。如此看来，光武帝刘秀不仅有军事头脑，而且有作大将的才干。

《后汉书》耿弇传说耿为将，平郡四十六，"屠城三百"，公孙述传说成都已降，吴汉仍族灭公孙氏家属，并纵兵大掠三日。《光武帝纪》也说建武十二年冬十一月辛巳"吴汉屠成都"。可见得当日作战时的残酷,而中兴仁义之师尚如是,其他"贼匪叛逆"可想而知。公元30年(建武六年),光武也曾下诏称:"今百姓遭难,户口耗少,而县官吏职,所置尚繁。"于是大批裁员,"并省四百余县,吏职减损,十置其一。"可见得自公元17年绿林起兵以来,中原鼎沸,加以蝗灾迭见,内战频仍,全国人口减少,无可置疑(只恐怕不会由近六千万突降至二千一百万)。同时各起兵的都有"宾客家室"参加,有时这些附属人员也参入野战军之内。而一座大城市的被围,经常逾月。各军的辎重车辆,动辄几千。这些史料,也使我们联想到军事组织之中必用社会中层人物为之设计并筹办联络后勤等事项。在"成则为王败则为寇"的条件下,巨家大姓的受战事淘汰,又可能较一般住户程度更深。

公元28年东汉的官方记录中有下面一段的记载:

> 王莽末天下大乱,临淮大尹河南侯霸,独能保全其郡。帝征霸寿春,拜尚书令。时朝廷无典故,又少旧臣,霸明习故事,收录遗文条奏前世善政法度施行之。

而且公孙述败后,才由成都传送郊庙乐器、葆车、舆辇于洛阳。与之相连的文字称:"时兵革既息,天下少事,文书调役,务存简寡,乃至十存一焉。"

综合上面各项资料,可见得**刘秀并没有解决当日的问题**,而是社会问题经过大量流血之后,相次缓和,不仅人口剧降,中层阶级也受打击,文官集团,有待重建,各种作朝廷装潢的文物,尚不齐备。所以他一面"与民更始"，将田赋恢复到文帝时三十分之一，一方面严刑峻法的稽考文册。公元40年"河南尹张伋及郡守十余人，坐度田不实，皆下狱死"。这种外柔内刚的办法，再加以符谶的意识形态，就使他完成了中兴大业。

当日君权世袭，中央集权又无法放弃，我们企盼刘秀改弦更张，可能有些过分。但是我们读到酷吏列传中的雒阳令董宣（雒即是洛，因东汉自称以火德兴，避水加佳作雒）拼得自己的性命才能将公主家里的杀人犯置之于法。当日又称"货轻钱薄"，则是民间需要有更有力量的货币制度，使物资流通。凡此多端光武帝刘秀连问题都没有考虑得到，也可以说他虽是超级政客，军事天才，仍不是大思想家。

宦官、女后、外戚和朋党

东汉的十三个皇帝，只有光武帝刘秀和明帝刘庄是成年人践祚，其他要不是弱冠登基，就是在襁褓孩提中拉来算数。而且除了最后一个禅位于曹丕的献帝享年五十四岁之外，其他没有一个活到四十岁。桓帝去世时年三十六、灵帝三十四，也算得长寿。殇帝、少帝、冲帝、质帝都没有机会庆祝他们的十岁生辰。因此洛阳的政局，总是受宦官、女后和外戚的操纵。

公元159年桓帝图大将军梁冀。他与宦官商量，派近卫军一千多人突然包围梁的府第，"收大将军印绶"，迫得梁冀夫妇自杀。自此外戚的声势稍弛，宦官的气焰又张。

然而梁冀是创国功臣梁统之后，他家里已有三皇后、六贵人、七侯和二大将军，好几个立幼帝的摆布，都是他的安排。桓帝也是他立的，桓帝的第一个皇后，就是梁冀之妹。此人之为"跋扈将军"，威震中外已二十年。只是这时梁后也已去世，桓帝刘志，做了十二年的傀儡皇帝，终究不甘心，才发动这次政变。只是他想独立自主这一希望，却始终没有实现。在他做皇帝期间，又来了一个"党锢之祸"。很多人以为东汉覆亡之机，出于"桓灵之间"，诸葛亮就将这关系，写在他的《前出师表》里面。

今日我们想确定汉代覆亡的原因，不是从原始资料的表面上就可以看得出来。《后汉书》荟录了很多当时文件，内中有无数坏人压抑好人，和好人反抗坏人的说法。我们也可以发问：**既有坏人为朝中的独裁者，如何又有这么多的好人做大官？并且朝中长期间的斗争不出道德的力量与恶势力的抗衡，为什么汉亡之后，这种对峙的形势不能继续，而引起了一个魏晋南北朝长期分裂局面？**

《后汉书》里的梁冀传说此人骄侈淫逸，无所不为，但是文内除提出他因立嗣与政敌李固意见分歧之外，竟没有说到他政策之好坏。可是传里又提出了梁的妻子孙寿，据称她也有淫行。其原文为"寿色美而善为妖态，作愁眉，啼妆，堕马髻，折腰步，龋齿笑，以为媚惑"。

这几句话无法直接译为今日的文字。与之针锋相对，我们只好仿效古典小说的口气如此说："那娘子倒也生得标致，她有时愁眉深锁，有时又笑脸频开，脸上薄施脂粉，两眼水汪汪地望人。她回眸一笑时，个中消息直到皓齿的骨根深处。好一头乌丝，挽成一个大髻，轻松地斜挂鬓边，走起路来，又是足不胜体。总而言之，有了千般百样妖娆轻荡的模样。"

原文利用作赋的秘诀，采取了几个新创而语意双关的字眼，用最经济的手法去描叙复杂的情事，却又将重复的部门，平行列入。越是意态游离，越符合作者的需要。然则孙寿妖冶与否，和梁冀的跋扈毫不相干，和我们今日想探询东汉政局主旨之所在，相去更远。

我们想追究汉朝覆亡的原因，则还要参考以下的背景：

东汉之提倡学术，很有成效。洛阳的太学，有二百四十房，一千八百五十室。至桓帝时太学生称三万人。而私人传授学业的，动辄聚集门徒数百或逾千。可是讲授的题材极为窄狭,通常既不出人文,而尤专重传统政治思想。在"学而优则仕"的条件下,这些学人除了当官之外,缺少发展抱负的门径。有时读书也确是升官发财的梯阶,做得好的数代公卿,创立门第。只是这种机缘难得,有的则踯躅仕途,有的为人"宾客",还有很多自负清高,在读圣贤书之余,养成一种仗义轻生的风气,不仅自己被窄狭的伦理观念所支配,还要强迫他人一体以个人道德代替社会秩序,这许多条件都构成党祸的根源。

而民法之不能展开,也是汉代一个深重的弱点。汉法承秦法之后,条文复杂,内容简陋。尤其对于农村社会中层所积累的资本,始终无适当的处置,又怕小自耕农失田而为游民,因之视"兼并"为畏途。《续汉书》的百官志提及刺史,后版有引证蔡质《汉仪》一段作注释,内中提到西汉武帝遣派刺史的诏书,内中首要的任务即是纠察各处"强宗豪右,田宅逾制,以强凌弱,以众暴寡"。而东汉的"司隶校尉"如同监察院长,也是京城附近地区的刺史,更是带有荣誉性质的官位。很显然的虽前后三百年,在汉末之被任为司隶校尉的,仍有人认为在奉前诏行事。可是以武帝战时动员的方案,意义模棱,加于经济相当发达的承平社会,则必引起纠葛。

当桓帝置梁冀于死地之日,东汉还有六十一年的寿命。可是梁冀没有被攻击颁行不当的法则,则因为当日洛阳朝廷已谈不上创造制度或推行政策。纵使边防发生问题,或有天灾民变,也只能临时对付,有如头痛医头,足痛医足。朝廷之经常业务,无非礼仪及人事,而人事也不过任免赏罚。梁冀的对头李固,也是世家出身,官至太尉(军政部长），他曾建议"权去外戚，政归国家"。梁冀的党羽也相对地指摘他门下"或富室财赂，或子婿婚属，在官牒者凡四十九人"。可见两方已有党争的趋势，而重点在个人恩怨利害。

汉朝之没有立时垮台者，乃是朝廷之下，很多地方官，还在竭忠办事。《后汉书》的循吏列传举出循吏十四人，或以兴革农田或以提倡教化获得称誉，有好几个一直做到汉亡。和他们相似而没有在青史留名的必多。即是酷吏列传的酷吏，以"猛"为"能"，虽说个人的良心和德行有亏，在他们讲仍是替公众服务。只是他们各行所是，这些资料也显示统一的政府，不能以妥当的法制控制全国的危机。

公元165年李膺的第二次被任为司隶校尉，使很多潜在的冲突尖锐化。其背景则是很多人在乡间放债买田，通常以宾客行之。地方官若加干涉，则发觉这些人的后台老板都是朝中显要。而最有威权的，则是中常侍张让，他就是宦官头子。《后汉书》的宦者列传说："宾客求谒让者，车恒数百千辆。"李膺到任方十日，就抓着张家开刀。张让之弟张朔，也是野王县的县令，被控为"贪残无道"。李膺亲率吏卒在张让家里将他擒获，刚一讯问，立即处死。桓帝还责问他没有请示即行诛杀。李的辩护，不依照法律，完全根据经史，并且强调孔子作鲁司寇七日即诛少正卯，他任司隶校尉已十日，实在是行事愆迟。他这一次因此脱身，以后也迭有浮沉，终于灵帝朝宦官与名士斗争时被拘入狱被拷死，他的门徒达千余，也受禁锢。事在公元169年。

对这期间发生的争端，我们很难决定谁是谁非。党锢列传里也提出很多名士对宦官家属宾客集团的诛杀,甚至遇赦的也杀,老母也杀,而一次屠杀到好几百人。当时的人还说"纪纲败废",我们则只能强调这是社会进化,法制不能跟着调整只好以道德代替法律的结果。**况且宦官、女后、外戚和朋党并不是促成汉朝瓦解的真原因,他们不过是造成事实的工具**。张让是宦官领袖,后来与外戚出身为大将军者何进作对。可是何进还不过是太后的异母弟,张让则有一位媳妇,乃是何太后的胞妹。所以很多朝政的纠纷,还在家庭里产生。

传统历史家写汉亡,或归根于桓灵之间的宠用宦官,或归咎于黄巾贼造反,或归咎于召董卓的番兵入卫。而其实大规模内战开始于宦官已被整肃,黄巾已平,而董卓身故之后。公元200年官渡之战,则在汉亡之前,已经展开了长期分裂的局面。一方面代表新兴地方势力者袁绍,此人七世祖袁良以学《易经》起家,在西汉时曾为太子舍人,他将学术传于孙子袁安。袁安举孝廉,为郡太守,为司空(工部大臣)司徒(民政大臣)。自此没有一个袁家子孙不是东汉显官。袁绍自己曾任虎贲中郎将(近卫军司令)和司隶校尉。袁氏四世三公,门生故吏遍天下。袁绍进军官渡,率众十万,给养自河北以大车万余辆供应。抵抗他的乃是曹操。这时他尚想维持东汉的中央政府。他的义祖父曹腾乃是宦官,由黄门从官侍从皇太子(即顺帝刘保)读书。曹操之父曹嵩乃是腾养子,而曹操自己也举孝廉。他的军队大都以黄巾降人编成,给养则得于屯种。也就是**人员与物资都产生于现存体系之外**。

以学阀变而为军阀,这在世界史里是创举。汉代的覆亡,则证明

一个政治体系，对各人私利观完全否定，只能控制一个简单的社会，一到情态繁复，各人口是心非，就无法和衷共济。 今日我们读汉末群雄所作的"檄"，和民国初年军阀的"通电"无异。这时纵使他们想合作，也找不到一个合作的逻辑。

魏晋南北朝和浪漫主义

浪漫主义（romanticism）在欧洲是法国大革命前后的产物。严格言之，它是文艺和美术在时代上的趋向，我们不妨用"到自然去"四个字概括它的精神。欧洲大陆在18及19世纪之交，深感自中古以来残留的宗教及文化的影响，不合时代，令人感到窒息。浪漫主义的作家，脱离古典主义的羁绊，由各人自寻出路，以自己的情绪，作他们写作吟咏描画的引导线，因为如此，他们倒也有一种将世事传奇化和美术化的趋向。

中国自公元220年曹丕强迫汉献帝禅位，到589年隋文帝灭陈而重新统一中国，在历史上统称魏晋南北朝。这三个半以上的世纪之内，能够称为统一的时间，不过约三十年。**这并不是文人能自寻解放的时代，只是时局动荡，好多人觉得过去苦心孤诣学来的规矩方圆，到时全无用场，如此不如放浪形骸自求真趣。**不仅当时人物如此，即后代作者，追慕流风遗韵，也把当时事物，描画得带浪漫色彩。有唐朝刘禹锡所作《西塞山怀古》一诗为证。刘诗云：

王濬楼船下益州，金陵王气黯然收。
千寻铁锁沉江底，一片降幡出石头。
人世几回伤往事，山形依旧枕寒流。

今逢四海为家日，故垒萧萧芦荻秋。

这原来是纪公元280年晋朝暂时统一中国的事迹，这背景则是先有魏蜀吴之三足鼎立。魏亡之前二年，魏将邓艾在成都北的万山丛岭中进军，出敌不意地袭蜀，蜀亡。后来，司马氏的晋代曹魏之后用王濬为巴郡太守，后为益州刺史。此人一生做事，离不开"大刀阔斧"的胸襟和抱负。他在四川造船，费时七载，待得准备停当，王濬已七十岁。于是攻吴的舟筏顺江而下，真是"旌旗器甲，属天满江"。吴主只有束手就降。

根据《晋书》的纪载，王濬的大船"方百二十步，受二千余人"。我们也可以想象，以四十尺宽七十五尺长的舳舻，可以符合上开面积。但是即使有四层舱，每舱要载兵五百多名，也未免过多。况且"以木为城，起楼橹，开四出门，其上皆得驰马来往"，就有些难以置信了。书内又说吴人在江险碛要害之处，以铁锁横截，王濬乃作火炬，长十余丈，大数十围，灌以麻油，烧起来的时候，"须臾，溶液断绝，于是船无所碍"，这些话实近于神奇。我们既无法指驳，也无法证实，只好说很可能作者在文笔之间夸大其辞，其影响之远，从刘禹锡诗可以看出，浪漫主义的色彩超过纪事之精密。我们除非获得其他资料证实，不能以这简单的辞句当作技术史上的根据。

然则浪漫主义的出现，也不在此时开端。京剧脸谱曹操，因为在剧中的角色是一大奸雄，所以全部面孔敷白如涂墙，眼细如丝，颊间肌肉折皱，表现一派险谲气象，大有"宁可我负天下人，不可天下人负我"的感觉。而关羽,因为他"义重如山",所以脸谱以赭色为底,其他眉目以及鼻茎都以黑线画成,由中央向四方辐射,大有热情似火,不可抑制的状态。下边的黑痣,可能为现实写真。他的长须,则又是绛红色与面上的枣底相映,象征血气旺盛。吕蒙的脸谱,脸上黑白相次,图案上的结构,表现胸中有丘壑,也稍带神秘色彩,而剧中的角色,也以机智称。

将这三位人物摆在一起,也有一段文章:原来曹操为魏公,与蜀刘备、吴孙权相对立。以前刘备新败,孙权收容他,让他暂驻荆州,共拒曹公,才有赤壁的胜利。可是曾几何时,刘备既据荆湘,又拓土于西蜀,荆州又只借不还,所以孙权老觉得他居长江之上,到底于己不利,乃趁着刘备在四川北部规划,南郡只有关羽留镇,而关的部队又与曹兵交锋之际,致牒于曹公,以讨关羽自效。这个军事计划由部下吕蒙执行。果然吕蒙于公元219年年底袭击关羽,使他两线作战,截获他之后,将之斩首传报曹公。然而吕蒙奏功不久,尚未得到封奖,即病发身死。而曹公也不久物故,距关羽之授首前后不出一月。次年曹丕受汉禅,刘备和孙权得到借口,也仿效称皇帝,于是才全面展开三国鼎立的局面。

这与浪漫主义有何相干?

整个三国时代,是英雄豪杰风流人物浮沉起伏的期间。因为战事连亘不断,皇帝威信又名实俱亡,很多舞台上的角色,已不受道德上的约束,于是趋利赴势。他们自述胸襟怀抱,慷慨真切,全无腐儒气味。做起事来,也是畅快淋漓。这当中还有很多奇人奇事。譬如蜀之诸葛亮（等于现代的参谋总长），他的哥哥诸葛瑾仕吴，也做到战区司令长官的地位，并曾以特使的身份访问蜀汉。又如孙权当初将他的妹妹嫁与刘备，后来又与刘备成了对头等都是。纪这六十年事者，为《三国志》。陈寿之原稿，分为《魏书》、《蜀书》和《吴书》。因为缺乏一统的政治中心，所以作者就不需迁就某个固定官僚集团的逻辑。而这书又在南北朝时经裴松之集注，采取了很多当时公私著作，逐章逐节补陈著之不及，也提出不少纠正及置疑之处。因为其中资料五花八门，常有我们在正史里不容易见到的传闻。由于选材不致全部为儒家思想所支配，所以作史者可以有将之传奇化和美术化的机会。在我们而言，反而可以借此得到一个特殊的角度，去窥见中国历史运转之奥妙。

《三国志》里的曹操，不见得比他同时人物如刘备、孙权更为谲诈。而且他有敢说敢做、豪迈磊落、放浪不羁的浪漫色彩。譬如说他不顾家人生产，那是因为他志在天下，用不着瞻前顾后的去忧虑衣食和积蓄了。而他的放浪不羁，可以在"每与人谈论，戏弄言诵，尽无所隐及欢悦大笑，以至头没案中，肴膳皆沾污巾帻"的形容中看出来。这也可与他的诗"对酒当歌，人生几何，譬如朝露，去日苦多"相印证。

"建安十五年十二月己亥令"实际是曹操流传中外的一篇自传，内中说及他自己是一个非常人物，有志"建立名誉"，不愿作"凡愚"。但是参加讨董卓之后，事实逼他东征西伐，以至于他虽"本志有限"，最后总是弄得不能放手，他的威势和兵权也因此越做越大。以曹操的希望,还是想保存一个完整的中央政权,所以他虽向外讨伐,却屡陷于内线作战的地位,又因为他挟天子以令诸侯,所以他成了众矢之的,他自己也知道"慕虚名而处实祸"的危机。从这些地方,我们不必怀疑他不是坦白直言。

而最被道统人士攻击的,则是"魏武三诏令"。此令是曹操于公元210年、214年和217年以丞相的地位下令求才,内中提及有品行的人不一定有才能,有才能的不一定有品行。所以他征求的不在"笃行"和"守信"之士,即使"不仁不孝",只要有"治国用兵之术"的他都会提拔录用。这诏令虽然不是表示人人做坏事,但是影响汉末问题之大,不是传统道德所能解决的。

曹操能够出类拔萃,是由于他的不拘小节,眼光远大。然则他虽看清传统道德不能拯救当日毛病,但他也不知放弃传统道德亦不见得能拯救当日毛病。至于他是否真说过"若天命在吾,吾其为周文王矣",我们不得而知,即使我们相信他曾如此说,他的儿子曹丕也不是真的周武王,亦即魏代汉不能真正解决问题,有如晋代魏也仍不能解决当日问题。即以王濬的大刀阔斧造楼船在上面驰马,仍未解决魏晋南北朝的问题。司马炎刚一统中国,十年之后即有贾后之乱与八王之乱,因此引起"五胡乱华"。公元311年洛阳沦陷,317年长安又失守,东晋偏安江左,嬗替而为南北朝之宋齐梁陈。北方之"酋领"如刘曜、石勒、苻坚不能解决问题,南方的军事领袖如桓温、刘裕与萧道成也仍不能解决问题。**现在看来,东汉覆亡之后的369年酝酿着一个大问题,牵涉整个国家从头到尾的重新组织,不仅曹操不可能预**

测，即作史者如陈寿及裴松之也仍没有看到演变之全豹。

让我们回头再说《三国志》：书内提及吕蒙原是一介武夫，孙权只间便地劝他读书，不料此人不读则已，他一读起来就"笃志不倦，其所览见，旧儒不胜"，因之他的谈吐见识，与以前豁然不同。谚语之"士别三日，即更刮目相看"，出自此处。只有此书之叙关羽，则想象与现实参半。此人武艺必有独到地方，譬如他与颜良对阵，"羽望见良麾盖，策马刺良于万众之中，斩其首还"，文中又没有提及两方随从将士之行动以及对阵之地形及距离，类似侥幸，又若有神授。他之不受曹公优渥，一意投归先主，应系实情，也与他的习性符合。可是书中叙述他的英雄末路，则毫不恭维。关云长对部下不能开怀推恩的掌握，对于敌情判断、侧卫警备也全部马虎，又破口骂人，缺乏外交手腕，造成两面受敌的危境而不自知，最后他的部队毫无斗志，不战自溃，他自己只能率领十余骑落荒而走，也再没有表现斩颜良时之英勇。以这样的记载，出之标准的文献，而中国民间仍奉之为战神，秘密结社的团体也祀之为盟主，实在令人费解。

西方的社会学家，树立了一个"大传统"（great tradition）与"小传统"（little tradition）对立的观念。他们认为一个社会的大传统，有正规的组织、结构和形式化，但只能适应于高层人物。小传统则比较通俗化，适应于大众。它采取大传统的精义，融会简化而有时稍微歪曲之，只要不南辕北辙则可。而且两者之交流也是相对的，小传统在长期日常生活中凝聚若干信仰和观点以后也可以被大传统吸收。

中国之忠孝观念由四书五经阐述开来应属大传统。《三国志》为二十四史之一，也算是这传统所笼罩的一部分。但是因其中资料分歧，离奇的事物荟集，很容易为小说家抽取裁剪补缀而成半创作性的大众读物。事实上它也就是宋元话本的基础，后来又经过元明之间罗贯中等整理，便成为《三国志传通俗演义》。既称"通俗演义"，则照社会学家看来已属小传统之范畴。所以周瑜见杏黄旗而大叫一声，孔明祭东风，孙权与刘备剑砍石块成十字等等更离奇的遭遇与真人实事混合以提高读者兴趣，都可以信口呵成。其方法则是将信史更浪漫化。《三国演义》英译本标题为 Romance of the Three Kingdoms（三个王国的浪漫史）不为无因。而京剧跟随着以白脸表示曹操之阴险，枣红面表示关羽之不可泯灭的忠厚，蝴蝶式的脸谱表示吕蒙之有心计，也是将历史传奇化和美术化。

我们今日提论这些观念，其目的不在凿穿小传统之虚枉。相反的"民俗"也可成史。中国的君主制度，以皇帝和天命直接统领万亿军民，中层脆弱，法制简单，政府力量之不及，半靠社会力量支持。可见精神动员的功效是无可否认。大传统也好小传统也好，民间的忠孝观念实为撑持宋、元、明、清以来大帝国之有力支柱，这也不是我们学历史的人所敢于忽略。然则话本及剧台上的曹操与关羽及其影响只是魏晋南北朝以后历史上的侧面情景。现在我所谈的是历史本题，涉及公元 220 年后长期分裂的主因。前人与事实相处过近，也只看到演变的一片段，所以仍待我们曾亲身经历一个类似的大变动之后，将视界看宽看深，才能将资料重新编排，彻底检讨。

长期分裂时的悲剧

公元290年晋武帝司马炎去世。他是晋朝的第一个皇帝，二十五年之前他令魏主曹奂向他禅位，有如220年曹丕之迫汉献帝称："率我唐典，敬逊尔位。"其逻辑是有德者君临天下，唐尧虞舜都以此"历数有在"的规律行事。而实际上曹丕确比汉献帝强，而司马炎更比十五岁的曹奂强。可是**这些篡位者没有看到的是，他们自己是世代权臣手执兵符，当然声震朝宇。可是一做了皇帝传之子孙，又变成了宫殿中的傀儡。**皇帝原来是文官集团的首脑，他以天命统御群臣，开口则为圣旨。如果做得好，经过他的指示，则不合理的事体亦公认为合理，受不公平处理的人臣也只能自怨命苦，而仍歌颂"皇恩浩荡"。因之下层机构统计不实，行政乖违的情形亦可以就此掩饰。只是公元3世纪之末至4世纪之初，中国有很多大问题没有解决，已经掩饰不起来。天子的圣旨，也很少被人认真算数。况且与外间隔绝，废立出诸权臣，其不能有所作为，也是势所必然。

可是司马炎在位二十五年，好像已突破这种环境。公元280年"王濬楼船下益州，金陵王气黯然收"，就此结束了过去三国鼎立，而重创天下一统的局面。并且他又于公元277年大封宗室子侄为王公、郡公、郡侯、县王，"更制户邑，皆中尉领兵"，也就是管理境内的民政、财政和军政。全国三十九郡之外，另有二十一"国"，分置于今日之山东、山西、河北、河南及辽宁,以拱卫京师,同时又有一部分亲王参与朝政,如此也不会被权臣宰割了。

偏偏在290年继位者为惠帝司马衷。他在历史上最有名的事迹,乃是臣下报告他,百姓饿死,他就反问:"何以不食肉糜?"我们听过法国大革命时皇后Marie Antoinette闻及百姓没有面包吃曾叫他们吃糕饼的故事,对于此类传闻,不能认真。只是司马衷在晋室皇位极端艰难之际,庸懦无能,必然属实。否则也不会有如此的传闻编派在他头上,并且记入信史了。

法国革命时皇后以貌美而轻率称,司马衷的贾后,则以丑陋著名。据说她又矮又黑。其实这也与以后的事体无关,只是内外多故的时候,历史记录不针对重点发挥,而加入这些不干大局的细节,更容易渗入带偏见的资料。

据说贾后缺乏母教,不守妇道,行动淫虐,因干政与皇太后杨氏冲突。太后之父杨骏则为"太傅,大都督,假黄钺,录朝政,百官总己以听"。于是贾后也组织一个与她自己接近的集团。因为她父亲贾充也是权臣。她不仅把族兄从舅拉过来,也笼络了皇室司马家的一部分亲王,如汝南王司马亮,此人曾被司马炎封为"宗师",有率领宗室子弟的威望。又因为他们联络了朝中一部分名士,所谓"二十四友"的官僚集团。这权力斗争的重点始终没有在传统的史料里说得清楚,我们翻阅《晋书》帝纪、列传、食货志、职官志,感觉到晋朝始终不是一个正规的朝代,武帝和惠帝之交,方才以军政府的姿态企图创立一种民政制度,组织未遂,即变生肘腋。譬如刘毅传里说及刘把武帝司马炎比喻为汉之桓灵。他说："桓灵卖官，钱入官库；陛下卖官，钱入私门。"可见晋的财政始终未上轨道，否则开国之君，四海为家，当不致卖官鬻爵。而且武帝纪内说及"贾充凶竖"，"杨骏豺狼"，更可以窥见其朝廷并没有设官分职好好摆布，权臣仍是虎视鹰眈，后一代太后与皇后的冲突，也非仅出自宫闱。**我们一般的观念，晋朝已树立一种"封建制度"，现在看来，其中一半是纸上具文。**刘颂传里评当初设计即说："法同郡县，无成国之制也。"而职官志针对公元277年令诸王之国（即是到指定的疆域履任）的时候说："而诸公皆恋京师，涕泣而去。"地理志则与之相冲突地说："王不之国，官于京师。"这时候朝廷想做的一件大事，即是所谓"占田法"，凡士庶人等所领有耕地佃户都按品级有所限制，即王公在京师附近的地产亦然。这些条例无全部奉行的迹象，只是在这草创期间诸事不定的季节，朝廷一有变故，就使很多人感到不安。不仅财产与名望受影响，而当日习惯，政争失败，则被判以极恶的罪名，有身家性命的危险，凡此都是构成贾后之祸及八王之祸的原因。

公元291年的冲突，贾后胜利。杨骏以造反被讨，死于马厩，太后被废。但是不旋踵间，后又与汝南王冲突，乃指使楚王司马玮杀之，这才除去八王之一。再之，楚王又以矫诏罪被诛，太后也被弑。又近十年，公元300年，贾后杀太子，赵王伦起兵反，诛后，并且废司马衷而称帝。至此则有淮南王允讨赵王伦不克身死。继之又引起齐王冏、成都王颖和河间王颙的联合军事行动。他们的复辟成功，赵王被赐死。302年齐王冏又有擅权模样，由河间王颙指使长沙王乂杀之。

以后战事由洛阳波及长安,成都王颖自缢死,河间王颙为南阳王模所杀,长沙王乂为东海王越所杀,东海王越则为讨羯人石勒时战死。自贾后参政起,至惠帝306年中毒身故,前后十六年,战事波及今日之山东、河北、河南、陕西。各王动员时,有称二十万者,有称七万者。每次战役死者以万计,其详细经过,无法综合梗概叙述。而五胡十六国开始于此时。304年匈奴之刘渊初从成都王司马颖起兵,不久就自称汉王。一时从他的,"二旬之间,余已五万"。至311年他的族子刘曜陷洛阳,"害诸王公及百官已下三万余人"。

这些史迹已经不能以短时间片面的解释,也不能以历史舞台人物的贤愚不肖去概括全部经过。有如五胡十六国的"蛮酋",如刘渊,"幼好学,师事上党崔游,习毛诗,京氏易,马氏尚书,尤好春秋左氏传,孙吴兵法,略皆诵之,史汉诸子,无不综览"。刘曜则"善属文、工草隶"。又立太学及小学,"选朝贤宿儒明经笃学以教之。"石勒令僚属"典胡人出内,重其禁法,不得侮易衣冠华族"。石季龙"颇慕经学,遣国子博士诣洛阳写石经"。慕容皝对"贫者全无资产,不能自存,各赐牧牛一头"。苻坚"起明堂","亲耕藉田,妻苟氏亲蚕于近郊。"又"发其王侯已下及豪望富室僮隶三万人,开泾水上源,凿山起堤,通渠引渎,以溉冈卤之田,及春而成,百姓赖其利"。并且他们讨论国计民生时都以经史诗书作注脚,就算全部由文臣缀饰而成,也不能算是"乱华",反而表现出他们想利用传统办法,收拾残局,可惜后来也都统统失败。

我们从长时期大眼光看来,秦汉的大帝国(从大历史的观点看来也可称为"第一帝国")在公元220年后已无可改组修正,只能重起炉灶的再造。问题不仅在朝廷的高层机构,而在民间的低层机构(infrastructure)。过去以小自耕农作基础而组成的农村经济,适合于官僚机构的统治,因为彼此都是简单而雷同,不致偏畸繁复。一到人文进步,郡县的官僚即无从措手,也不知道要尊重财产权,以保持社会秩序,或是以道德名义法外抑制豪强。地产归并之后最重要的问题尚不是所谓"剥削",而是产生"流民",一遇饥荒,更无法赈济。所以曹操平河北,也"重豪强兼并之法",重申"有国有家者,不患寡而患不均,不患贫而患不安"。只是这时中原鼎沸,已无法恢复原状,魏蜀吴三国之首创者曹操、刘备、孙坚,都以在扬州淮泗下邳一带募兵起家,也就是在中原的边际,还没有被灾荒损害至大的地方吸收过剩人口,投入战斗,这样更使情况不可收拾。《晋书》食货志里所说"袁绍军人皆资椹枣,袁术战士取给蠃蒲",也就是说驱饥民作战,他们只能采树上桑实,捉田里蠃蛤之类果腹。即使有眼光的军事领袖,其补救的办法,也不过是"屯田",也就是"出战入耕",谈不上规复民间经济,使吏治和税收都上轨道。三国纷争的期间,很多军事首领的家属也随军进出,可见得全国流动性之大。刘备之至当阳,"今虽拥大众,被甲者少",也就表示大量难民,混入行列。司马懿对曹操说,"荆楚轻脱,易动难安",则指出中枢地带的人民,南北奔波,不容易固定。

这种情形至晋朝未止,有如3世纪之末关西饥民"流移就谷",自汉中而入蜀,他们设栅作壁,推戴巴人李特为主,就屡败"八王"之一的河间王司马颙所指挥的部队。

这时候晋武帝司马炎以裴秀原来的设计行"五等封建之旨",也待解释。中国商周之间的封建,西欧中世纪的 feudal system 以及日本之"幕藩"和"大名",并不是由中央政府设计,全盘指令下属照办。而是低层机构里的农业社会,已渐具以各地方为主,自给自足的平衡趋势,此时高级权威以分疆祚土的方针,赋予上层组织,则彼此各得其所,其军备之限制,也容易做到,并无对一个极端流动的社会强迫其固定的道理。晋朝甫行封建,就将各王调来调去,又给他们以不同的头衔,加派军事任务。八王之乱时动称"带甲百万","阻兵百万"。其虚实不论,我们也可以想象其封建无实,各地流民甚多,诸王也适逢其会,只要他们予以口实与组织,就不怕没有参加厮杀的人员了。

我们再看贾后之乱及八王之乱时的天灾:贾后于公元291年专政。294年,大饥。295年,荆扬兖豫青徐大水。296年,关中饥,大疫,荆扬二州大水。297年,雍秦二州大旱疫疾,关中饥。298年,荆豫徐扬冀大水。301年郡国十二旱六蝗。302年兖豫徐冀四州大水。309年全国大旱,江汉河洛皆竭可涉(最后一段有夸大的趋向)。这种纪录即在多灾多难的中国,也不平常。

至于"五胡",则"关中百余万,戎狄居半",已开始于马援时,即东汉初年。匈奴则"五部之众,户至数万","依阻塞下,委质柔服"。也难怪他们不在动乱之中乘机投入了。

所以从这些迹象看来,"贾家种妒而少子,丑而短黑",不能真正解答历史问题，仅仅提醒我们，当时人的眼光被他们的时代所拘束，才在这些细节上做文章。今日我们检讨长期分裂时的悲剧，在展开视野之余，必须创设新的理论，才能将这段历史，和以后隋唐宋的第二大帝国衔接。

淝水之战

公元383年的冬天,有藏人血统的"前秦"皇帝苻坚大举伐晋。他刚统一北方不久,长安附近的居民尚是五花八门,所谓"鲜卑羌羯布满畿甸"。晋朝虽偏安江左,但是仍能保持西部的防线,如今日之湖北西北汉水一带以及更西的四川。即在最接近的战场,也能在江翼寿阳附近发动攻势。从各种迹象看来,苻坚并没有在东线与晋人决一死战的决心,而是统率了很多杂牌部队,无法统御,只能以军事行动,维持他的组织。同时又过度自信数量上的优势,所谓"投鞭足以断流"。他总希望以凉州蜀汉幽冀之兵,号称八十七万的力量,"犹疾风之扫秋叶",不怕晋人不投降。所以他在出师之前,就宣言要让东晋皇帝司马昌明做他的下任尚书左仆射(等于副首相兼军政部长),晋朝的文武大臣谢安或桓冲,也为未来的吏部尚书和侍中。都预先替他们在长安建造官邸。

如果现存的资料全部可信,则此人受过中国传统教育,也有几分书呆子的习性。他与晋人交战之前,也让以前俘获的晋臣朱序作使臣,访问晋军。后来朱序却将秦之虚实告诉对方,替他们定下了速战速决的方针,并且在战场上,采取对苻坚不利的行动。

晋朝的总司令为谢安,正式官名为"尚书仆射领吏部加后将军"。他也有书呆子的脾气,年轻时无意仕进,只是与名士来往,有声望。

到四十多岁才正式做官，仍是玩水游山，满口清谈。人家规劝他，他就反问："秦任商鞅，二世而亡，岂清言致患邪？"

淝水之战的前夕，他又受任都督十五州军事。儿子谢琰，侄子谢玄、谢石都是部下重要的将领。对付苻坚号称百万的军队，他只有八万人抵御。但是他"镇以和静，御以长算"又"不存小察，弘以大纲"。他对亲信将领个别的指示，以使他们"各当其任"为原则。部署既毕，即不再多言，并且招集亲朋，下围棋游山水以表示"夷然无惧色"。

北方混成的秦军和南方紧凑的晋军对峙的时候，谢安的前锋招致北军司令："君悬军深入，置阵逼水，此持久之计，岂欲战者乎？若小退师，令将士周旋，仆与君公缓辔而观之，不亦美乎？"这文辞只改动数字，在《晋书》里出现两次，其以作战当作竞技看待，有《左传》作风，可能是修史者揣想写成，但是征之两方将领风度，也可能是据实纪载，因为率北军的将领苻融，也以文学称著，既能"下笔成章"，也能"谈玄论道"，他作的赋尚是"壮丽清赡，世咸珍之"，并非一介武夫，尤不带戎狄气派。

他这次可算上当。秦军刚一后撤，朱序即在阵后流布谣言，说是北军已被南军打败。这时仓皇集结的部队，劳师远入，人地生疏，又无坚强的斗志，也就信以为真。如是一溃就不可收拾，苻坚自己也中流矢，是以晋军大获全胜。前线战报刚到总司令部，谢安正与朋友下围棋，他看后将文书置在几案之上，对棋如故。只是胸中喜气到底无法全部抑制，下棋完毕，他步入户内，脚上筋肉紧张，一时伸展不尽如意，用力过猛，竟将木屐之底，在门限上踏损，俗通"不觉屐齿之折"，由来如此。

淝水之战确定了南北朝的长期分裂。以后南朝的刘裕于公元417年入长安，不能久驻。北朝的侯景反复叛变，也曾于公元548年陷建康，不久即为部下所杀，都去统一全国的目标甚远。

直到公元589年才有隋文帝杨坚的"天下大同""区宇一家"。至此已去淝水之战二百零六年。

在这两百多年内常成为南北两方拉锯战的地区，除了淮南以外，还有湖北的襄阳一带。这也可以说是北人所擅长的骑兵战术，至此已无法做有效的发挥。南人所长为水军，不仅兵力以舟楫输送，能够争取战场的主动，而且将士无行军之劳，粮糈有速达之效。只是这种长处，也不能向北延伸使用。淝水之战时，双方受地形限制的情形，已见其端倪。如《晋书》说苻坚有"骑二十七万"，只因一水所隔，不能冲锋陷阵。而晋军虽获空前大胜，也不能扩张战果，仍是偏安江左。可是这长期的分裂，还有它更重要的原因存在。

自从东汉覆亡，中国人口因天灾与战争的影响，长期由北向南而由西向东地迁移。即魏晋间的战事，也带着武装移民的情调，有如280年之平吴，西晋发动了二十万人的兵力，至建邺收版籍，则只有男女二百六十三万，其南征兵力已占当地人口很大的一个比例。如是华北与华中的空隙，势必由"十五英寸的同雨量线"以外的少数民族填补，其背景则是他们所受亢旱的打击，又必较华北为甚。虽然资料不全，历史上已有甚多的例证：公元333年石虎自长安徙秦雍民氐羌十余万户于关东，使居枋头（今河南浚县附近），又以羌师率其众数万徙居清河之溵头（河北枣县）。石季龙则徙辽西、北平、渔阳万户于兖豫雍洛。淝水之战前夕，长安附近的人口又以鲜卑羌羯为多。有如上述，则南朝的北伐，与这种半由自然力量发动的移民方向冲突，不易彻底执行。淝水战前，东晋之桓温，曾克服洛阳，又于369年入长安，终在枋头挫败。

就因为这种人口移动的压力，南方的水田，才能普遍地开发。《晋书》食货志所称"河滨海岸，三丘八薮，耒耨之所不至者，人皆受焉"，就表现出了这种开拓处女地的一般趋向。只是"火耕水耨"，先用烧荒的方式，次用水灌溉，并且以大量的人力用以除芟，才能逐渐将粗疏耕作的方式进而为精密耕作。

北方的种族复杂，也不容易使政局稳定。"五胡乱华"时的少数民族的领袖，率多汉化，并且很多带有汉人血统。因为汉朝除武帝时代之外，"和亲政策"总在若断若续地进行，匈奴刘渊之姓刘，不无根据。汉末袁绍即以家人子为己女妻乌丸豪酋。魏晋以降，越种通婚的更为普遍。安北将军都督幽州诸军事王浚以一女妻鲜卑段务勿尘，一女妻素怒延。后将军韩据女为段匹䃅"儿妾"。刘琨为晋朝的司空，他与段匹䃅的关系虽没有言明，但是䃅"与琨结婚，约为兄弟"。晋惠帝除贾后外，又立羊后，她也是名门女，后来刘曜陷洛阳，也立她为后，"有殊宠，颇与政事"。她生有曜子三人，长子熙为刘曜的继承人。羯人石季龙"大发百姓女二十以下十三以上万余人,以三等之第以分配之"。这种趋势不断地继续。到后来北魏拓跋氏的皇室实为汉人,而隋文帝唐高祖等人物也有混血背景。只是上层的通婚不算,下层一般的人民也需要在这大熔炉里混合,并且游牧民族,也要放弃他们的生活习惯成为安土重迁的农民,这"同化"的程度,才算贯彻,因之过渡期间必费时许久。

东汉之覆亡,"兼并"占一个重要的因素。因为当日征兵纳税,以"户"为对象。"口"以户为转移。兼并一行,失田的农民若不成为流民,即为富家大室之"奴"之"客",甚至整个大家庭成为"部曲",地方官员对其豪宗大户无法应付。魏晋南北朝之世族也由来于此。我们翻开《晋书》卷三〇至卷八六,其中列有542人之传记,除其中段匹磾为鲜卑酋长不计外,晋朝重要人物几乎一网打尽,其传记中叙及祖先曾为显官,我们可以断定其为世族者159人,其子弟又在朝中显著的215人,司马皇家的宗室105人,而不属于以上,我们概称之为出身贫寒的只62人,可见得**大家巨室的力量雄厚,其社会状况必与中国传统的理想——由皇帝直接向大批小自耕农征兵抽税,不受豪强干预情形大有出入。**

当日商业财富尚未展开,商人资产,也无保障。例如西晋以显官而成巨富的石崇,则因其为荆州刺史,"劫远使客商,致富不赀",有家奴八百人。农业上的财富,则无非出于地产及劳动力,兼并一行,即枯竭政府的财源与兵员。最显著的一个例子,则是在淝水之战立功的谢玄,三传而至孙子谢灵运,为诗赋名家。《宋书》说及他"因父祖之资,生业甚厚,奴僮既众,义故门生数百,凿山浚湖,功役无已",于公元433年为宋帝所诛。**这一方面表示传统社会里财政税收全在"周礼式"及"李悝式"的办法支配下,私人财产无从合法的积累,一方面则又表示官僚机构的行政效率受兼并的限制。流亡政府的小朝廷,更受巨家大室的垄断,虽然迭换朝代,也仍无中兴迹象。**

华北除了游牧民族的酝酿外,也有类似情形,他们尚有自动设防不受节制情事。例如公元350年左右,山西太原迄北有设防的村落三百余,包括"胡、晋"人口十余万户。400年前后,关中有堡壁三千余所,他们推戴统主,相率结盟,《魏书》食货志则说在北魏486年立"三长"以前"禁网疏阔,民多逃隐",并且"五十、三十家方为一户"。这样下层机构没有改变,中国无统一的可能。

所以383年谢安谢玄与苻坚苻融的对峙,纵加上朱序的穿插,只确定了南北朝的长期分裂,这次战役却不是构成分裂的主因。以后的发展也证明中国的重新统一必待人口相次固定,胡汉种族的界线逐渐漠减,巨家大室的力量也被压制,才能成为事实。

北魏拓跋氏

公元5世纪之末北魏孝文帝元宏的汉化运动，举措奇特，为中外历史所罕见。他于公元493年决意迁都洛阳，翌年颁诏施行。他又禁胡服，断鲜卑语，若以"北俗之语言于朝廷者"，免官。他自己本姓拓跋，至此改姓为元。其他鲜卑慕容尉迟等姓氏，也一律改为单音汉姓。元宏生于公元467年，四岁登极。他从小由文明太皇太后抚养，所以做皇帝的前二十年，朝事也由她掌权，这位太皇太后，照头衔看应当是老态龙钟，而实际上她开始临朝听政时，似乎还未满三十岁。她的家世可追溯到北燕冯家，也是"五胡十六国"期中汉人创立的朝廷之一。后来元宏的两位皇后也是冯家女，他又以"绝同姓之娶"为名，令他的六位皇弟一体与他朝中汉人显官联婚，其配偶也由皇帝御前指派，有如"次弟始平王勰，可娉廷尉卿陇西李冲女，季弟北海王详，可娉吏部郎中荥阳郑懿女"。这半打皇弟以前所娶，则一律降为妾媵。

从长远历史观点看来，这段史迹只是北魏拓跋民族在中国活动的尾声，公元220年秦汉之"第一帝国"崩溃而隋唐宋之"第二帝国"尚未兴起时，这少数民族对中国的再度统一做了一段基本的工作。而且在微妙的阶段内，又由一位有神秘性的女人做主。可见得历史的演进，有时令人莫测高深。只是历史上长期的合理性，也不是当时人所能亲身预测。还待千百年后，由我们把一些表面看来不相关的事迹前后连贯，才看得剖切。

汉亡之后 369 年，中国无法统一。当日人口总是由北向南，由西向东地移动，汉人的多数民族，不能与这自然所主持的力量抗衡。北方的少数民族虽擅长骑兵战术，却无法越渡淮水及汉水等处的水泽地区。并且游牧民族的生活方式也不能作为统一中国的表率。秦汉型的大帝国以官僚机构统治大量小自耕农，但分裂期间汉人的巨家大室和夷狄的酋领都自起炉灶，妨碍政府向全民征兵抽税的职权。加上各民族语言之不同，更造成了统一的障碍。

拓跋氏打破了这种僵局。他们之所以能如此，不是文化程度高，而是由于人文条件简单，可以从最基本的事业着手，并能以原始作风来解决问题，所以不期然地做了中国再统一的工具。

拓跋属鲜卑种，他们在公元 3 世纪在今内蒙古移动。在世纪末叶开始在今和林格尔附近集结，当时既无文字，更谈不上成文法律，也还没有私人财产。他们在 4 世纪之初因晋大将军刘琨之邀，参与中国的内战，其部落即进驻山西北部长城以南一百里的地带。他们虽称"控弦上马二十余万"，但全部人口看来也不逾百万，甚且远低于此数。

公元 4 世纪，是"五胡乱华"的最高潮，拓跋氏虽然投入，却始终没有取得主动地位，苻坚强盛时，他们尚"避于阴山之北"。直到苻坚淝水之战不利，北方大联盟瓦解，他们才重新露面。公元 386 年拓跋珪自称代王，开始有了独立国家模样。当时他们的政策，是先在长城内外建造一个农业的基础，其农民由被征服的民族强迫编成。这时候全部落经常与其他少数民族作战,每次将对方人员马匹牛羊一网打尽。对俘获的部落酋领,即很残酷的一律处死,如公元391年之破铁弗(即匈奴与鲜卑之混合种)刘卫辰部"收卫辰子弟宗党无少长五千余人,尽杀之"。对其他人则"各给耕牛,计口授田"。《魏书》食货志称,其有畿内之田,并于"其外四方四维置八部帅以监之,劝课农耕,量校收入,以为殿最"。公元396年以平城(山西大同)为国都,拓跋氏又以征服者的姿态,"徙山东六州民及徙何高丽杂夷三十六万百工伎巧十余万口,以实京师。"有的书本也作三十六"署"。如将大量人民区分为署,则有国家农奴的征象。这样的征服和改造,至5世纪初期未止。如公元413年,破"越勤倍泥部落",也"给农器,计口受田"。其他叙及"来降"及"内附"的前后不绝。《魏书》太祖纪及太宗纪提及这样的事例三十一起,内中有户口数的十三起,共为户十一万。可见得拓跋氏创立了一个新生的农业基地,以之为根柢。时间不成熟不问鼎中原,才能用这经济力量做本钱,先巩固北方。

如果前述被征服的人口曾一度为农奴,则从食货志看来,426年后渐已取得小自耕农身份。迄至当日,"杂营户帅遍于天下,不隶守宰,赋役不周,户口错乱",是年这些带着军事性的监视人员全部裁撤,"一切罢之,以属郡县"。是为进入官僚管制阶段的明证。

拓跋氏何时汉化,不容易找到一个固定的答案。从现存文字看来,他们起先得到的汉人顾问,是从降人及俘虏中提拔,而且仅倚靠他们天文占象的才能。以平城为国都之后,兴建筑,定律令,飨社稷,就一步引导另一步。以至置五经博士,设太学,也都不能避免了。其徙各地"守宰豪杰吏民"实京师，势必又要借重他们的管理组织能力。只是北魏（424年才称魏，历史书中称北魏，以避与曹操之魏重复）的农业社会由人工孵育而成，又好像在试验管里造化学液汁，各种因素也预有层次的投入，因之才保全了一个体制完整，不受私人力量垄断的政权。

直到424年，才有拓跋焘的称皇帝，他即位不久，即颁布了一千多个汉字，并称以前篆隶草楷并行，因之没有标准，这次所颁布的，则"永为楷示"。可见得新朝廷不仅注重文物，也开始以多数民族的语言文字作统一的工具了。

拓跋焘统一了华北，结束了五胡十六国的局面。在多数民族的汉人地区，总是因为世族作祟，不容易被绝对皇权有效地掌握。公元428年，拓跋焘"以天下守令多行非法，精选忠良悉代之"，已有针对这问题彻底解决的模样。四年以后又以"范阳卢玄、博陵崔绰、赵郡李灵、河间邢颖、渤海高允、广平游雅、太原张伟等皆贤俊之胄，冠冕州邦"，指名征调。名为慕才，实则强迫好几百人到平城无薪给的当差并兼人质。450年更有崔浩的事。司徒崔浩，作"国纪"，过于具实直书，对鲜卑民族和皇室有叙述得不妥当的地方，还把文字以石碑刊于郊坛。皇帝一震怒，族灭崔浩，还及于崔之姻亲，包括范阳卢氏，太原郭氏，河东柳氏，也"夷其族"。拓跋焘更声称他要做得更厉害一点，所以多杀了好几千人。无论世祖太武皇帝拓跋焘是有计划或无计划，他的征用人才和文字狱已给华北汉人的巨家大室一个重大打击。即未波及的家户，也充分地接受了这处置的警戒，绝不敢再阻挠中央政府的行政。这中间的一个机妙则是皇帝统御千万军民,不容许另有民间机构作梗,世族华裔也和蛮夷酋领没有区别。

这件事情发生不久,北魏开始南征,想要以华北的力量,席卷南朝之宋(也就是宋齐梁陈之宋)。征兵时三丁抽一,五丁抽二,富民家财在四十万和僧尼二十万的"四分借一,事息即还"。但是拓跋焘的大军,以少数民族的骑兵驱逐汉人的步兵作先锋,仍旧没有良善的补给制度,仍是就地征发。他攻江苏北部各城不下,乃进军长江北岸,最后则临水徘徊,仍无可施展,只好北撤。南朝也因这一战疮痍满目,无法追击,因之全国一统还要摆下一个多世纪。

拓跋焘于公元452年初被宦官谋杀,他的太子也死得蹊跷,只剩得一位十二岁的孙子继位。以鲜卑人之早婚,再加上这几代北魏君主之命短,到471年,二十年还不到竟有四位皇帝代表祖孙五代。而最后一位也是本文开首即提及的拓跋宏。他的亲生母及祖母都因拓跋家引用汉武帝"立其子杀其母"的办法"依旧例薨",这时朝中也只有一位带有汉人血统的"文成文明太皇太后",实足年龄二十九岁到三十岁之间,历史上简称"文明皇太后"的冯氏了。

《魏书》说她"多智略猜忌,能行大事,生杀赏罚,决之俄顷"。拓跋宏不仅为她抚养教育,而且"迄后之崩","不知所生",也就是迄至二十三岁还不知自己身世。所以"事无巨细,一禀于太后"。她又制作了几百首歌词教育他,只是"文多不传",其内容永成历史之谜。《魏书》传中又说及她"行不正"。"王睿出入卧内,数年便为宰辅","李冲虽以器受任,亦由见宠帷幄"。大凡中国历史上有才干的女人,私生活总受訾议。上文语意双关,我们无法考证。只是冯氏引用有气魄的汉人文臣,则是事实。王睿还可以算作"恩倖",他在一天老虎脱笼而出,侍卫惊靡的危机中以吏部尚书的身份执戟驱虎保驾,后来也与李冲家联姻,可是临死仍上疏"慎刑罚",始终提倡"与其杀不辜,宁赦有罪"的文治办法。**李冲则将拓跋政权的民政"周礼化",并将其财政的处理赋予"李悝式"的体制,因之给中国以后几百年的政治制度留下了长远的后果。**

这一串"太和诏令"包括484年的百官俸禄,只是这时的赋税,仍是家族包办,也就是"宗主督让,所以民多隐冒,五十、三十家方为一户"。于是485年诏令天下均田,原则上土地国有,定立了每一家按人口应有田地的标准。486年则立三长,"五家立一邻长,五邻立里长,五里立一党长,长取乡人强谨者"。这样才实际进入"租庸调"制。亦即以自耕农的小家庭作为征兵纳税的单位,农村组织以政府颁布之理想上的数学公式作准则,不承认各地私人体系,所以称"混天下一法"。

这一段措施在当日颁布时有冒险性质。它到底实行到如何的程度,无从考察。只是我们引证史迹相信整个方案,是事实上的成功,有如《魏书》所称太后冯氏于公元490年逝世,朝中并未发生变故。元宏的汉化政策,也能再接再厉,而李冲也更得信用。493年之重建洛阳,他实际担任了总工程师的职务。只是元宏的规划,无人按班。他重视水军,而鲜卑贵族,尚掌握着长城内外的养马地区,也不能遽尔摈斥。直至6世纪,洛阳才又产生政变。北魏分为东西,东魏为北齐高家所代,西魏为北周宇文氏所代。**然则历史的演进,并不为这分裂运动而停滞。中国之统一,需要一个以小自耕农社会作统御经理的趋向,也愈为明显。**汉民族与少数民族的混合也从未中断。北朝原以游牧民族为骨干,至6世纪,他们也行府兵制,用以动员农民,也开始修筑长城,以防制其他少数民族内犯,可为明证。

　　隋文帝杨坚,自己是胡汉混血。先以北周的力量吞并北齐,回头解决北周,更挟动员长江以北的力量,席卷南朝,**发展方向也是自西向东,由北至南,以经济人文简单的地区去征服繁荣富有的地区。这也是承继北魏拓跋氏在历史上活动的逻辑。**杨坚的军事行动以水军为主,这也可以说是受元宏迁都洛阳之所赐。北朝需要这一段过渡期间,才能作体制上的整备,并吸收南方的长处。

从分裂到统一

至今还有些读历史的人，仍认为魏晋南北朝在中国历史里留下了一段尴尬局面。这369年，缺乏一个上承秦汉下启隋唐的大帝国。要把它当作一个过渡时期看待，又未免牵扯得过长。这当中的人物事迹，叙来也难得有头绪可循。所以有些历史书，就把这369年轻率地穿插过去，以便迅速提引到隋炀帝和唐太宗等前后关系比较完整也更容易检讨的题材。

可是魏晋南北朝的长期分裂，在中国历史里只发生过这么一次。它给我们一个机会去了解中国民族演进的历史，并不一定就是各朝代历史的总和。虽说统一的政治中心不存在，中国很多人文上的因素还是不断地发展。举一个例：北魏孝文帝拓跋宏于公元496年改姓元。其他如步六孤氏改姓为陆，独孤氏改姓为刘，鲜卑民族改姓的一百多，这当然引起很多尊重民族传统的鲜卑人士不满，6世纪洛阳的政变，和北魏朝廷的分裂，不能与此无关。

北周的创始者为宇文泰，他也是鲜卑种。他于公元554年以为"魏氏之初统国三十六，大姓九十九，后多绝灭。至是以诸将功高者为三十六国后，次功者为九十九姓后"。表面看来，这是对元宏的汉化政策的一种反动，也强调鲜卑民族各部落在历史上的传统。而实际上他盘踞的关中，并没有很多鲜卑苗裔。他的胡姓，也只能赐予汉人及胡汉混血的将领。他日作隋朝开国之主杨坚，这时候就因父兄的功勋被赐姓为"普六茹"。这样只更提高汉人在朝中的地位，而更使胡汉的界限磨灭。其背景则是**长期分裂的局面下，北方成为融合各民族的一大熔炉。少数民族之逐渐被多数民族吸收同化，也就不可遏止。**

元宏的政策，还有一种贵族化的趋向，他尊重范阳卢氏、清河崔氏、荥阳郑氏和太原王氏的社会地位，也让鲜卑系的望族穆、陆、贺、刘、楼、于、稽、尉八姓和他们同列。而当日时尚的趋向，则是在民族融合的过程中，全部平民化，所以元宏的亲信李冲和韩显宗都反对他的作法。

我们已经提及，**当时人认为秦汉以来大帝国之崩溃，在于"兼并"。土地一集中，则地方官无法处理境内行政，并且由于地方的争执，影响到朝政。**这样之事能够发生，则是"选举制"之不良，以致汉末所推荐的孝廉都是豪门子弟。曹魏想改革这种毛病，实行所谓"九品中正"之制，也就是径由中央政府派考察官到地方任所去品评人物，以作吏部任命的凭藉。其结果又如《晋书》刘毅传里说及"上品无寒门，下品无士族"。这种士族力量的膨胀，也影响到军事行动。在政治秩序崩溃的时候，立坞设盟，只有靠世家大族的领导。根据《晋书》王戎传，八王之乱时，河间王与成都王"带甲百万"。晋朝的封建，并没有历史的基础，这两王能在短时间内纠集这样大的兵力，也还是因为地方武力早已在后组织就绪，只要上面有人领导，就有几十百万的士兵在麾下应命了。

这种种妨碍统一的情形都要在长期分裂，兵革常起的局面下逐渐淘汰澄清，有些历史家每提到中国的重新统一时，总要强调中国传统思想的伟大。但是传统思想能够发生功效则是因为社会组织已经和它接近。宇文泰在文治方面最闻名的措施乃是任命苏绰为度支尚书，让他规划新政府的各种设计，此人"博览群书，尤善算术"，而他的设计，也总以《周礼》为依规，也就是预先创造一个数目字的公式，向真人实事上笼罩着过去。北魏以来的三长制和均田制，都有这种"间架性设计"的趋向。其所以能如此，则是在社会中层可能予朝廷及民间作梗的巨家大室或被淘汰或受约束，中央政府因此又可以掌握大量的农民了。

这种趋势也可以在考试制度演进的历程中看出。汉朝之对策，并未正规化，只有隋唐之后"士皆怀牒自列于有司"，才算有了固定的程序，也才算全部公开，这固然是制度上的进步，然则若没有社会进化的背景，则不致有这么多布衣学人应试，就有他们也仍会被宗党和豪强所抑制。

只是由一个强有力的中央政府统治无数小自耕农的体制，并不是因为全国统一而立即成为事实。这中间仍有很多的周折。再举一个例为证：

隋文帝于公元589年灭陈。可是翌年今日的江苏、浙江、福建、安徽、江西的巨家大室全部叛变，"大者有众数万，小者数千，共相影响。"其起源则是据《资治通鉴》所云："江表自东晋以来刑法疏缓，世族陵驾寒门，平陈之后，牧民者尽更变之。苏威复作五教使民无长幼悉诵之。士民嗟怨，民间复讹言隋欲徙之入关。"这文字记载简单，也只显露官方见解。但是也表示在南北分裂局面下,北方已经归纳于一个以小自耕农为主体的单纯社会,南方则仍受巨家大室操纵。这些巨家大室的弱点,则是不能构成一个牵一发而动全身的体系。因之他们虽然拥有船舰,能和隋朝派来的杨素作殊死战,终被各个击破。上述苏威则为北周政体设计者度支尚书苏绰之子,这关系也象征着全国的统一,要经过长期间的惨淡经营。

佛教在南北朝期间鼎盛。中国学者提到这题目时,经常毁誉参半,一方面称赞佛教自力入世的观念和戒杀的动机,一方面又蹙眉于沙门浮屠的劳民伤财。近代人物之摈击佛教者,则无如胡适,他有时的立场,也好像是今之韩愈。外国作者则多强调佛教在中国分裂期间产生一种融合胡汉、贯通上下的力量。我们也可以引 Arthur Wright 作代表。

其实佛教是一个极广泛的称呼,也可以说是印度带来的文化,渗透到中国的思想、文学、美术、建筑、科技和民俗各方面的一个概称。**它一方面需要与中国固有的信仰不发生根本的冲突,才能两者相折衷地互相融合。另一方面则是在这条件下,它也就无孔不入。**就以云岗和龙门石窟的佛像为证:我们骤看上去,从断岩上造石窟,既没有全盘的设计,今日又经过千多年来的风雨浸蚀,满目荒凉,也就看不出美在什么地方,直到阅及关于这些石窟的详细纪录,才知道有些石穴的来源其来有自。并且最大的佛像,耳长九尺,最小的高不逾寸,各处佛像数目都以万计,不仅其塑像表现着印度和希腊的雕刻作风,有些石窟里还有壁画,其衣饰装潢设计也都保存了社会史和经济史上的真迹。龙门的一个石窟里竟保存了当日所用的全部医药单方。所以这石窟既供美术展览，也是通俗的博物馆。要不是这石窟在荒野中替中国中世纪保存这一份文物，而将金碧辉煌的佛像置之通都大邑的话，恐怕也就像中国古代的建筑一样早经兵燹而荡然无存了。

而针对这南北朝的时期上说，佛教不是一种带强迫性的宗教，因之它才发生了一种广泛的和普遍的功效。它没有把云岗龙门造成"圣地"，或被方丈国师所掌握，因之转变而为一种政治上的势力，所以纵有华夷之界伦理之争等波折，它仍能够长久的与中国固有文化共存。因为如此，我们也可以认为它是一种构成团结力量的因素。所以小民接受真言与净土宗的仪式和念佛乐及往生的粗浅解释与缙绅先生的欣赏于天台华严的悟观与禅定，同为佛教。在这种条件下，佛教也可以算做已经发生了融合胡汉贯通上下的作用。

话再说回头，中国之能重新统一，到底也仍与周秦汉以来一脉相传的文化系统相衔接。我们不把它当作首屈一指的因素，并不是漠视它的存在。汉魏晋至宋齐梁陈之"禅让"未曾中断，而北朝之东魏与西魏，也同样地"逊位"于北齐与北周。**可见得一个正统的观念始终没有泯灭。中国人的入世观念和乐观与积极的思想，也是一种很雄厚的力量，它们并没有因为长期分裂而全部沦亡。**

我们通常一提到魏晋南北朝，脑内可能立即浮上一个"清谈误国"的印象。但是从领导淝水之战的谢安看来，则清谈并不一定误国，也等于我们今日虽在天文学上了解五十亿年之后，太阳上的燃料用完，最后太阳系统的生命必同归于尽，因这了解又使我们产生一种不同的人生观，但并不因此，就要放弃日常生活的兴致与一切志趣与希望。西晋的"竹林七贤"，固然包括"不与世事，酣饮为常"的阮籍，但是也包括了大树下打铁的嵇康，更包括了"好兴利"的王戎。可见得**他们共同的达观，并不就是消极。**

并且有阴则有阳。时人尚"无"，晋朝则有裴頠作《崇有论》与之抗衡。他说："是以生而可寻，所谓理也。理之所体，所谓有也。有之所须，所谓资也。"这几句话已经说明没有物质就没有生命，没有生命也不能创造逻辑。裴頠可以算是世界上最早的唯物论哲学家之一。即在"六朝金粉"的建康，也有南齐的范缜作《神灭论》。他说："形者神之质，神者形之用也。神之于形，犹利之于刀。未闻刀没而利存，岂容形亡而神在哉！"这比裴頠的唯物论又更进一步。这种议论于公元5世纪时提出，也是不同凡响。我们根据他们自己的理论和立场，也可以想象**中国人要应付天候地理所赋予的难题，必须保存一种坚毅力量，这种共通的信心，也必在重新统一的过程中，发生过无可衡量的作用。**也只从这坚毅的立场，我们才能领略韩愈和胡适对佛教反感之所由来。

南北朝有时也被一般作家写成一段士气消沉，人心不古的时代。宋前废帝刘子业为姊山阴公主置面首三十人。齐东昏侯萧宝卷凿金为莲花贴地，令潘妃行其上，曰"此步步生莲花也"，同样被斥为无道，也同样被称为这纷乱时期的代表。还没有提及的则是他们都是二十岁不到的年轻人，生长深宫，事实上又无从发挥传统帝王的功能，而两人又相继被弑后在历史上担待千古罪名。有正则必有反，这样看来，他们既已永远地称为废帝昏侯，可见得传统道德观念并没有因为长期的政治分裂而全部淹没，如果真的是士气消沉人心不古，这一段历史就不会如此写来，这事实的背景则是**汉代虽亡**，过去多年来中国已经产生了一个独一无二文教式的体系，足以支持一个以小自耕农作基础的大帝国，一到客观的环境许可，这样一个大帝国可以重新摆布登场的时候，这文教上的体系用不着重新创设，也可以随着弹冠而起了。

隋炀帝

今日我们要写隋炀帝的传记，事实上会遇到很多的困难，对这题目曾下过一段功夫的 Arthur Wright 就说过："（他）既被视为典型的亡国昏君，在一大团歪曲的历史记载和传奇性道听途说之下，今人即想窥测此人的真实性格，至多也只能瞥见其一二。"

然则隋炀帝杨广，天赋甚高，文笔华美，胸襟抱负不凡，也带有创造性格。这些长处，虽批判他的人也无法否认。又譬如他于公元608年，令天下鹰师集长安，一来就有一万多人，610年又在洛阳端门街盛陈百戏，以炫耀于西蕃之朝贡者。戏场围五千步，执丝竹者万八千人，天下奇伎异艺毕集，一月方散，他自己也好几次微服去观赏。他又听说吐谷浑（鲜卑族之流入青海部落）得波斯马，放在青海草原，能生骢驹，一日千里，他就放牝马两千匹于川谷以求"龙种"，后因无效而罢。如此作为，纵是为传统作史者视为荒诞不经，今日我们却从此可以揣测他富有想象力，也愿意试验，并且能在各种琐事间表现其个人风趣。

另一方面，从各种迹象看来，炀帝缺乏作为统帅的周密与慎重，也不能御将。这种弱点，也可能由于隋文帝的骄纵之故。如他年才十三，即封晋王，为并州总管（山西省省长）。公元589年伐陈之役，他二十岁未满竟被任为行军元帅，指挥由六合一方面的军队不算，还节制其他各方面军事长官，如宿将杨素。这518000人不出月余，平定江南，重新统一中国，由弱冠的晋王作书报告父皇，达成任务。**这一战役，固然增长其威望，也纵养其骄蹇，使他以为天下事，俱是如此容易。**他以后筑长城，造运河，派刘方击败林邑（今日越南境内），听裴矩设计破吐谷浑，羁縻突厥，西巡燕支山都是以中国人力物力，随意摆布，只居顺境，未受挫折。以后他一处逆境，即意懒心灰，逃避现实，所以他的悲剧情结，也有长期积养的前因后果。

　　隋炀帝之伐高丽，据称动员1133800人，其馈运者倍之。这数目字可靠的程度，无从确定。只是杨广迷信军事上数量的优势，已毋庸置疑。其实当日之攻城战，野战军数量过大，无法摆布。除非以此数量先声夺人，使对方丧失斗志，才有效用。否则展开兵力过多，已先在自己阵容里产生统御经理的困难，成为日后战场上的弱点。果然公元612年之役，隋军在鸭绿江以北辽河以东的地区遭遇到高丽的坚强抗拒，来护儿的水军在朝鲜半岛登陆成功，却没有发生奇袭的效用，也不能与陆军策应，陆军则补给接应未及，统帅权又控制过严，再加以隋皇没有作殊死战的决心，一到战事有利，高丽诈降，高级将领不敢做主，因此亦无法扩张战果。最后因秋季潦雨来临，在平壤北三十里开始撤退，士卒既无实际的训练，一受高丽兵的追击，就崩溃而不可收拾，以致九军尽陷，丧失资储器械以巨万计。613年炀帝卷土重来，并且亲临前线。隋军已薄辽东城，也用飞梯地道环攻，并且有少数隋兵登城与敌兵短刀相接，只是这时在中原督运粮秣的杨玄感知道各处盗贼蜂起，炀帝不能持久，在黎阳（河南浚县附近，南北运输的中点)以兵反,兵部侍郎斛斯政则投奔高丽,以中国虚实告之。隋炀帝夜半召集诸将领决心放弃攻城。再引兵还,所有军资器械堆积如山,也全部委弃。总算这次行动机密,退军后两天,高丽虽发觉仍不敢追击。

两月之后,杨玄感虽被剿灭,但是隋炀帝的威信已被戳穿,南北各处的人民,不堪征调,群起为盗,动辄以万数以千计。614年炀帝又召百僚议伐高丽,并下诏称"黄帝五十二战,成汤二十七征",只是臣下无敢应者,各处叛兵叛民攻陷城邑也不能每一处平剿。虽然这时候来护儿的水军又迫平壤,高丽王遣使请降,囚送斛斯政,使炀帝能借此班师,却已经徘徊歧路。615年间巡视北边,又为突厥围困,几乎不免,守令前来赴难,才使他脱围。翌年他即幸江都(扬州),再无意北返,对他诤谏的则获罪,最后甚至不愿听大局不堪收拾的报告。如此又一年多。617年冬天,唐国公李渊(也就是后来的唐高祖)入长安,立他孙子杨侑为帝,尊他为太上皇,炀帝也无行动及反应。618年的春天这遭众叛亲离的皇帝才被弑。弑他的并非疆场叛将,也不是造反民兵,而是以前宠幸随从,以及近卫军吏。所以传统作史者对隋炀帝杨广的种种斥责,虽说可能被一再渲染夸张,但也不是全部窜改事实,因为杨广有他被人攻击的弱点。

然则我们今日仍因袭传统作史者"褒贬"的方针写历史,却忽视了历史上时间与环境的因素。**公元7世纪的初叶隋唐之交,是中国历史上突出的一段时期。今日20世纪末叶,又是中国历史上突出的一段时期。**二十四史里的《隋书》,修撰于唐初,作者动称"殷鉴不远"。

他们绝想不到隋朝不是一个普通的朝代,更想不到春秋时代周人之泛称中国,会推衍而成今日之中国。因为瞻前顾后立场不同,我们即写隋炀帝的传记,也要将很多长时间远距离的因素一并加入考虑,才赶得上时代。

从"大历史"的眼光看来,隋、唐、宋可称中国的"第二帝国",以与秦汉之"第一帝国"区别。汉虽称中央集权,其郡县组织,到底还是由周朝的封建制度改组而成。隋唐所承袭的原始机构,则由北齐北周追溯到北魏拓跋氏,始于游牧民族的汉化,通过"三长制"及"均田",可谓整个社会,在国家政令下人工孵育而成,以小自耕农为主体,注重低层机构的水平。秦汉的文书,还用竹木;隋唐之间不仅纸张已行使五百余年,而且木板印刷,也于公元600年前后出现。这些因素,使教育较前普遍,也使整个文官集团能向这小自耕农的社会看齐,彼此都能保持同一水准的淳朴。

《新唐书》的选举志,一开始就提及"唐制取士之科多由隋旧"。其中一个最重要的程序,则是"学者皆怀牒自列于州县",也就是不用荐举,全面公开的考试制度业已发端,兹后历经宋元明清直到本世纪的1905年才停止。

因为如此,隋朝的铨叙也开始由中枢总揽。炀帝时修律令的牛弘与刘炫对谈,曾提出下面一段:"往者州唯置纲纪,郡置守丞县置令而已,其余具僚,长官自辟。受诏赴任,每州不过数十。今则不然,大小之官悉由吏部。纤介之迹,皆属考功。"

这样的人事制度固然使官僚的成分更平民化，但是也使国家的中层组织更为空洞。因为上下之间没有权力与义务互为牵制，由皇帝直接统御全民的趋势也愈为明显。隋朝创业之主文帝以北周的根柢起家，吞并北齐之后才席卷南朝。也是由地形均一，人文因素简单的地区拓展到人文繁复的地区。他灭陈之后制定五百家为乡，百家为里，正在以他间架性的组织推行于江南，即受到巨家大室的全面反抗。这叛乱既被削平，他的统治愈要加紧，此后他的处心设计，无一不以保持统一的帝国为前提。于是又十五年。而在此原始的农业的社会里，达到其目的捷径不是在中层增加其结构的繁复，而是保持下端的均衡。隋文帝杨坚于594年令各府州县各给公廨田，做官的不得治生与人争利。595年收天下兵器，以后敢有私造者坐之。596年制工商者不得进仕。598年诏禁民间大船，凡船三丈以上悉入官。都是从保持农村社会的单纯划一着眼。他的提倡佛教，也并不是出于信仰上的虔诚，而是以统一思想为宗旨。其大量裁减国子学，废州县学，也是因为儒学之道，不外"识父子君臣之义，知尊卑长幼之序"，高级人员则需要"德为代范，才任国用"，所以也不必大量储备。他自己布衣粗食，也无非向低级标准看齐。

这以上种种设施，也与当时税收政策吻合。隋唐继承前朝的"租庸调"制，其重点在国家财政迁就于简单的农村经济，与均田并行，原则上避免纳税人贫富的差别，以极低的税率全面征收，才发生广泛的效果。虽如此，仍有技术的困难。《隋书》食货志提及北齐定一夫一妇纳税额为一"床"，独身者缴"半床"，如是"阳翟一郡，户至数万,籍多无妻"。只因为皇权凝聚于上,纳税的义务则遍及于匹夫匹妇,当中缺乏各种有权力能裁判折衷调整或甚至带服务性质的机构,于是制度能否遂行,全靠皇帝自己出面,向下加压力。文帝杨坚的晚年,就尽瘁于此事。他又嫉视属下官吏贪赃,以现今美国所谓ABSCAM 的办法,密派人向官僚纳贿。凡受者必死。他又自己在朝堂讯问臣下,召对不如意,立时诛杀之。所以《隋书》说他"天性沉猜,素无学术,好为小数,不达大体"。

可是经过他的高压政策,隋朝的府库各物山积,甚至窖藏还不能容纳。所以钱穆曾说西汉要经过四帝七十年之休养至武帝而盛,"隋则文帝初一天下,即已富足"。这也表示中国传统重农政策下的一种特殊现象。因为全面生产,完全不讲究交换分配及使国家经济多元化,又不作质量上的改进,短时间的全国动员,即可以使农业的财富(因其无组织结构与商业的财富不同)丰溢超过预期。**炀帝于公元604年即位,也算是继承着第二帝国创国以来的经济基础,只是这样的富裕倒也成为国家的赘累,当日政治思想又要防止"兼并",那么已经在农村动员的劳动力作何区处,难道令大批人民失业不成?**

这样看来隋炀帝之耗用中国人力物力,有其历史上的背景,即他集天下鹰师于长安,聚乐工于洛阳,也还是受客观环境的诱导。至于开掘运河,则北魏孝文帝元宏时引洛入谷作漕运已有之。建造宫殿则已在隋文帝筑仁寿宫时开始,据说"死者以万数"。甚至伐高丽,也始自文帝。公元598年之役,动员三十万众,既遇潦雨,又遭疫病,舟师则船多漂没,传统作史者称其"死者十八九"。所以炀帝的种种作为也还是随着文帝的步骤,是当日全面动员的一种产物,初时也有文武百官的支持,否则隋炀帝杨广纵是独夫,也不可能以一人之力强夺民意如此之久。

所以我们今日检讨炀帝的成败,不能专以他杨广一人功罪作最后的解答。即在杨隋之前,各北朝已经相次行均田制。这样以理想上数学的公式向下笼罩,功效如何,全靠租庸调的税收作实际考核的标准,这方案一经发动为一种群众运动,也不容易适时收束。于是矫枉必过正。因之只有上面需要的数字,没有下层着实的统计,以致男丁抽髻,力役及于女人,并且"征役繁兴,民不堪命,有司临时迫胁,以求济事,不复用律令矣"。不到征高丽失败,全国反叛,不知已极。**隋炀帝虽有想象力,到底不是大思想家,他也不像我们能看到古今中外的历史纵深。他最后退居江都一年多,竟想不出一种主意,也可见得他始终没有透彻地了解他自己在历史上的地位。**传说他曾顾镜自照对萧后说:"好头颈谁当斫之?"是否真实可靠,殊成疑问。但是其无可奈何的语气,已与他悲剧性的结局符合。

贞观之治

公元7世纪的初唐，可算得是中国历史上令人振奋的一段时期。630年李靖破突厥，唐太宗李世民被四夷君长推戴为"天可汗"。当日高祖李渊已退位为太上皇，仍在凌烟阁置酒庆贺。上皇自弹琵琶，皇帝则当众起舞，这种场面，在中国历史上绝无仅有。兹后唐军又攻占西域诸国，使中国威势达到葱岭以西，与波斯及印度接触。在唐初只有高丽能对中国作坚强的抵抗，但是高宗朝终克平壤，置安东都督府。

并且唐朝武功之外，继以文治。国都长安东西六英里，南北五英里。现代西安市的城垣，还只有其面积八分之一。而且整个城市按计划兴筑，全城分为一百一十个方格，南北驰道竟有五百尺宽，无疑的在当日已经打破世界诸种纪录。

因为各国朝贡使节众多，各种服装离奇，中书侍郎颜师古即于贞观三年（公元629年）请以画师作"王会图"纪念盛况。兹后终唐之世，波斯来使十次。日本的"遣唐使"，更是规模宏大。起先每次还只遣派三五百人，后来每次两千人，除了正副使外，还有大批的留学生和"学问僧"。其中有些人员，在中国一住就几十年。他们回国之后，仿照唐朝的法令制度，至今在日本历史中仍称"律令政治"。唐朝的均田制，在日本则为"班田"。奈良和平安（现在的京都）则是照长安设计兴建，只是范围远远不如，而且还没有依计划完成。长安有朱雀门街，奈良和平安的南北驰道，也称"朱雀大路"。邓之诚根据《新唐书》、《旧唐书》的记述列表分析和唐朝接触的"诸族"，共有四十八"国"。内中"朝贡"的二十九，"纳土"的六，"归附"者五，"和战不常"及"畔附不常"的四，"聘问"的二，"来留学"者一，"和亲"者一。这样也可以表示胜朝的盛事了。

因此**唐朝在中国历史中，最属"外向"**（extrovertive）。**并且初唐时，朝廷信心坚强，也能对各宗教一体扶植，不加阻挠**。玄奘往印度取经归，太宗亲自诏见，并且以政府的人力物力，资助他的翻译工作。兹后印度及西域的高僧在唐时来华翻译经典的不下数十人。其他景教（Nestorian Christianity）、祆教（Zoroastrainism）、摩尼教（Manicheism）也都在长安设有寺院，其教正长老，也由政府不分畛域，授以官位品职。L. Carrington Goodrich 之《中国人民简史》引一个现代学者的观察称："长安不仅是一个传教的地方，并且是一个有国际性格的都会，内中叙利亚人、阿拉伯人、波斯人、鞑靼人、西藏人、朝鲜人、日本人、安南人和其他种族与信仰不同的人都能在此和衷共处，这与当日欧洲因人种及宗教而发生凶狠的争端相较，成为一个显然的对照。"

打开这局面的，当以太宗李世民一人的力量为多。或许因为他本身带有少数民族血统之故，因此无论胡汉，他一视同仁。这作风对有唐一代具有决定性的影响。李世民自己对侍臣说："自古帝王虽平定中夏，不能服戎狄。朕才不逮古人，而成功则过之。所以能及此者，自古皆贵中华，贱夷狄，朕独爱之如一，故其种落皆依朕如父母。"因之唐代番将特多，也经过赵翼的《陔余丛考》书内提及。

李世民十八岁怂恿父亲李渊发难，他手下"智囊"又多，唐高祖的事业，大部由他策划。并且他自己作战时身先士卒，弱冠时已经能指挥十万人以上的部队，担任独当一面的军事政治工作。说他毫无差错，未免过当，但是从各种资料看来，他筹算周密，并且自己经常在最危险的地方出现，例如以数骑在阵前与敌将答话，因之树立了他个人的威望，能够高度发挥他的领导力量。

7世纪初期是帝王将相树立功业的黄金时代。"第二帝国"的粗胚胎，胡汉混血，以小自耕农作基础的范畴业已创建就绪。即算杨隋将之滥用，从技术的角度看来其高压政策仍在长期的历史上有组织的功效。况且经过炀帝末年及唐高祖初年的厮杀，人心望治，有如魏征所说："譬如饥者易为食，渴者易为饮也。"李世民在这时候勤于听政，勇于就谏，是以彻底地运用了机缘，而达成历史上的"贞观之治"。据称"东至于海，南极五岭皆外户不闭，行旅不赍粮，取给于道路"，最为历史家艳称。西方的汉学家对中国的皇帝向来批评的多，但是对于唐太宗李世民，几乎一致地恭维。公元628年，李世民出宫女三千余，令之"任求伉俪"。633年纵狱囚应死者三百九十人归家，命令他们秋后自来就死，至期皆至，如是全部赦免。白居易有诗，歌颂太宗德政：怨女三千出后宫，死囚四百来归狱。

然则李世民被人恭维，并不是完全一致。"死囚归狱"早就被传统历史家指责不近人情，似乎有意安排，制造名誉。近人吕思勉则更指斥太宗"其人究系武夫,且家世渐染北俗,故骄暴之习,亦难尽免"。明朝的万历皇帝,被指责为昏君,却对臣下称:"唐太宗胁父弑兄,家法不正,岂为令主?"于是在经筵(文学之臣在皇帝面前讲解经史,事后设筵的节目)时不许进讲《贞观政要》,也就是将唐太宗李世民二十二年御宇的事迹,全部剔出于历史之外。

以今日眼光看来,公元7世纪,欧洲进入中世纪旧称"黑暗时代"的期间不远,日本也刚受大陆文化的影响,贞观之治牵涉一套政治上的组织力量,当日在世界上无出其右。然则这种组织,没有确切的法治根柢,到底不能持久,其与唐代的影响,容以下各节述及。

现在就从太宗以道德成就为标榜这一点来看,可以窥见李世民的真实性格;并且这史实也使我们看清中国政治体系,虽然初期早熟,但它本身有它的弱点,因此一千多年后不能保持它的领导地位,而为西方及日本占先。

李世民是李渊的次子,他与长兄建成、三弟元霸、四弟元吉同为正室太穆皇后所生。元霸早死,建成和元吉也参加唐初讨伐群雄戡定中原的战事,只是功劳与人望,都不及世民。李渊称帝后,立建成为太子,元吉和他接近,这样就造成两方的隔阂与猜忌。**中国传统寡头政治的弱点,基于统计无法着实,将民间无数的争执公平处理,尤其不是行政系统技术能力之所及。**于是只能使皇权极端化,事实上的青红皂白不问,只要裁判的力量出诸"圣旨",又有"天命"作背景,则不公平亦为公平,不合理亦为合理。这样操生杀予夺的大权,并且动辄以至善及极恶的名义奖惩臣下,使皇帝的宝座成为一个极危险的位置。一到继承发生问题,更是变乱的渊薮。本书已经前后叙述父子叔侄姻亲自相残杀的事例多起,有时候当事人为从属党羽把持,即想置身事外,亦不可得。我们可以说这是一种历史重演的悲剧。

李世民与长兄建成、四弟元吉的构隙,牵涉到这样的背景。他自己交结朝士,后来又控告他兄弟"外结小人、内连嬖幸"谋害他,见诸《旧唐书》(《旧唐书》在五代时根据唐朝文献编撰,近于官方历史。《新唐书》成于宋时比较客观)。事实上他与他的僚属在玄武门设伏,谋杀建成及元吉。建成由世民亲自张弓发箭射死,元吉则死于他部下手中。但是葬日,"太宗于宜秋门,哭之甚哀"。建成与元吉各有子五人,也"并坐诛"。这事发生的时候太宗李世民自己才二十八岁,他的十位侄子,很可能多少尚在孩提之中,如何被叔父揽获一并处死,则没有在史书内详细叙述。两个月后李渊退位为太上皇,李世民即位于东宫。

用传统道德观念阐解这段历史,常有不著肯綮之感。例如司马光作《资治通鉴》时,就指斥李渊不对,李建成不对,而李世民也不对。并非他的见解谬误,只是这种意见今日看来,已算卑之无甚高论,用不着历史家著书辩说。而且这"玄武门之变"业已发生,太宗李世民自己尚不整个掩盖事实,一千年后万历要避免贞观一朝的往事,也是不着实际。况且又四百年后,万历皇帝在历史上的地位更不能与唐太宗相比拟。

近代心理分析(psychoanalysis)学者,认为一个人的性格,可以分作三部分:所谓 id 者,可称为"生理之自我",在这种原始的条件下，饥渴则需饮食，见异性则望狎幸，有争执即动手厮杀，不较分寸，也无忌讳。只是这中国人所谓之"禽兽行"不能在群众生活中适用。所谓 super-ego 者，也可称为"社会之自我"。凡人在孩提时受父母之教养，就范于社会的习惯，对本身欲望加以各种自知的及不自知的束缚，这种控制的力量出自社会自我。所谓 ego 者，则可译为"心理之自我"，也就是生理之自我受外界接触感化的成果，一方面尚有某些原始的欲望，一方面则对自己赋予一种社会价值 value。这种种构成各人个性的程序复杂，包括压制，转变目标，自然其说，品性升华等等离奇的方式，多时其本人虽经过各种机械作用而不自知，或虽知而不愿剀切承认。

唐太宗及贞观之治，最便于用这种心理分析的方法解释，李世民是一个容易性情冲动的人物。他曾要卢祖尚任交阯镇抚，卢已答应就任，回头又向皇帝推辞，李世民邀请再三，卢坚不受。世民一怒之下谓，我对你还不能驱使，如何能够驾驭天下，当时斩卢于朝堂。所以吕思勉说他"骄暴之习，卒难尽免"，不是没有根据。可是他既有弑兄胁父的行为，又曾读圣贤书，不能无愧于中，且受良心谴责，因之更要表彰他种种行为，无非自卫。至于他和兄弟间要走此极端，则是他总戒律，"惟以抚接贤才为务"。**既登九五之尊，则更要表彰他之不得已卷入悲剧的漩涡，只因为他有作尧舜之君的才华和能力**。是以魏征系前太子洗马（秘书及顾问），据说有教唆李建成图世民的策划，他也将魏征接收过来，倚为顾问，才表示他始终宽宏量大。以后魏征在贞观一朝向皇帝诤谏二百余事，多时违犯太宗意旨，反被优容。《资治通鉴》有这样一段记载：

> 上尝罢朝，怒曰："会须杀死田舍翁！"后问为谁，上曰："魏征每廷辱我。"后退具朝服，曰："妾闻主明臣直，今魏征直，由陛下之明故也，妾敢不贺！"上乃悦。

可见得太宗之受谏，不一定是以受谏为目的，而是表扬自己虚心明察作好皇帝的门面。而魏征也说太宗"贞观之初恐人不谏，常导之使言"，也与这追逐名誉的动机有关。魏征也自知处境的危险，他曾对太宗说："愿陛下使臣为良臣，勿使臣为忠臣。"因为忠臣没有好结果，良臣则"身获美名，君受显号"，彼此共存共荣。

将唐太宗李世民放在神经病医生（psychiatrist）的卧榻上，不是本书的目的，叙事过于琐碎，尤与纵谈"大历史"的宗旨相违。只要有了这些背景上的分析，使我们知道唐朝之设尚书、中书、门下三省，仍去三权分立之理想至远。太宗仍是大权独揽。而且下层机构不能构成选民区（constituency），皇权凝聚于上，中国亦五分权（separation of power）之可能。唐太宗治遇时会，7世纪之初第二帝国之组成时，既有北魏以来之均田、租庸调、府兵，又有隋朝开设的南北运河和考试制度，上下都是草创，内外的威胁既除，皇帝的行动比较自由，太宗将他执行专制皇权时，稍微参酌众议，因之其皇权比较合理化，对唐宋间保持其继续开放继续增长的趋势，有真切的贡献。但是他的作为，不能做机构上的固定（institutionlize）。

这些事迹也使我们了解以道德作执政标准的危险。这也不是说道德本身不好，可以不要。只是人类性情复杂，道德名义后面的真相不可捉摸。民国初年的军阀发通电时，无不以拯国救民为职志，其重点则是"我"为其拯救者，要是反对"我"，则是叛国殃民。也等于罗兰夫人在法国革命时上断头台前给历史留下一段见证：天下很多犯罪的事，都以自由名义行之。也等于五四运动时所要打倒的并非孔子，而系"孔家店"。西方的政治思想，坦白地承认性恶，反能造成政治体系的"制止与平衡"（checks and balances），使一个现代的国家能在数目字上管理，尤其值得我们反省。

武则天

我开始在美国教书的时候,常感到一类题材,不易处置,武则天也是其中之一。要是从传统的道德立场攻击她,则明知所谓"杀子屠兄弑君鸩母"半系牵强虚构。并且她在不同名义之下主持中国的政局半个世纪,其影响之所及与历代帝王最有流风余韵的相比,并无逊色。所以事实决不会如此简单,可以由我们以"好""坏"概括之。而我所讲授的,则又是中国史的纲要,也要与今人有关,因此更难。

武则天的父亲武士彟隋末从唐高祖发难,曾官至工部尚书,荆州都督,所以她也算出身名门,并非"寒微"。只是她在十三四岁之间入宫为太宗才人。所谓才人半为侍女,半为皇帝宫中没有实际名分的姬妾。太宗去世之后,她就被发付感业寺为尼,在这里她邂逅了高宗李治。兹后她由高宗的昭仪进为宸妃,于公元655年立为皇后,据算应当已在三十岁左右。

她自与高宗见面之后即有控制他的力量,无可置疑。高宗有子八人,前四子出自后宫其他妃嫔,后四子则全系武后所生。以唐朝皇帝姬妾子孙之多,如太宗有子十二人,玄宗有子三十人,宪宗有子二十人,武则天必曾专宠于李治之后宫。

高宗于683年去世,武则天初立她的儿子李显为皇帝,她自己仍临朝称制,不出两月,她又废李显为庐陵王,而另立儿子李旦为帝,皇太后称制如故。公元690年她更"革唐命",改国号为"周",自称"圣神皇帝"。如此以女主称帝约十五年。到705年的春天她生病才由李显复辟,是为中宗。那年年底武则天才与世长辞,官方称她享年八十一,有些人说她实际年龄为八十三。中宗复辟后五年据说为他的韦后所弑,但是韦氏想照样以女主临朝称制的计划则为李旦之部属所推翻。李旦于公元709年复位,是为睿宗。只是如此一来,李显与李旦,中宗与睿宗,俱是武则天的儿子,而且兹后唐朝其他十五个皇帝也全是她的孙辈和后裔。所以纵是武后的头衔一改再改,她仍是唐朝的祖先和国母。以一个篡位而颠倒朝代的人物,又在太庙里千秋享配,也令修撰国史的为难。他们既不敢褒也无法多贬,因此也更造成机会使好多人可以以传闻混为史实了。

　　武则天还有二点引人注意的地方:一是她的恐怖政治。她在686年在各处设铜匦接受密告。又任来俊臣为御史中丞(监察院副院长),他和旁的特务人员拷讯的工具,惨极人寰,等于逼人自诬而就死地,经来审问的"百不全一"。

　　此外武则天的私生活据传说可以与俄国的女沙皇凯撒琳相埒。她在六十多岁时因宠爱薛怀义,所以教他入寺为僧,以出家人的名义入幸禁中。她到七十多岁的时候又以美少年张易之、张昌宗兄弟"傅粉施朱衣锦绣服"和她及女儿太平公主燕居作乐。司刑少卿桓彦范上疏弹劾他们,指出"陛下以簪履恩久,不忍先刑;昌宗以逆乱罪多,自招其咎"。自谓簪履恩即系鬘发与趾泽间的情爱。武则天置而不问也不追究进谏人。还有一位右补阙朱敬则的疏则更是唐突,引用外间传闻对武后的批评更为猥亵,她则批答:"非卿直言,朕不知此",赏上疏人彩百段。

有了这些不仁不正的行径,武则天仍被德宗朝贤相陆贽称誉。明朝以"非正规"态度评史的李贽和清朝以正规而又客观态度评史的赵翼,都对武则天留有好评。

仅从短距离侧视界观察武则天,我们很难看出她对中国历史的贡献。她在有些地方,也像王莽,即系根据《周礼》及其他原因和个人爱好,将政府机构和各种事物更换其外观及名称。洛阳实际是她的首都,她一大权独揽之后又将之从"东都"改称"神都"。吏、户、礼、兵、刑、工六部,则成天、地、春、夏、秋、冬六官。门下省为銮台,中书省为凤阁。旗帜金色,她所御的紫宸殿则施以浅紫色的帐幔,八品以下官员过去服青者此时服碧。**如果这时候有人骤到洛阳,很可能被这金碧辉煌的神都所炫耀,也可能因为銮台凤阁把一个大帝国的政府错认为一个动物园。**

可是任何人以为唐朝的太后变成了大周皇帝,仅在装饰门面,在各种事物上加入比较鲜明的女性色彩和美术情调,则是绝对低估了武则天的"革命"。

中国史学者通常以为唐高宗李治软弱无能,才引起这段"女患"。《旧唐书》云"帝自显庆以后,多苦风疾,百司表奏,皆委天后详决"。现在看来,他所患的好像是高血压,也妨碍其视力,有多年历史。所以倚赖武则天判断书牍,又让她"垂帘听政",在皇帝宝座之后得悉召对臣下的谈吐,已分别开始于650及660年间施行,除此之外现存史料不能证实他在长期做傀儡皇帝,况且他的好动好改变,与武后不相上下。武后执政期间改年号十六次,高宗就改了十四次。最后在位五年每年年号不同,为从所未有。他曾决定率兵御驾亲征高丽,因武后苦谏而罢。他又与武后相随幸东都,游曲阜,封泰山。到临死的那一天还准备登则天楼门,只因气喘不能上马而止,但仍在殿前完成宣读大赦仪式。他又建造蓬莱宫、合璧宫、九成宫和镜殿,都具有打破传统的作风。他之准备封皇太孙,既无前例,他就称"自我作古",也就是说让我来创造这段历史成例。李治又曾说"炀帝拒谏而亡,朕常以为戒"。通常历史家以武后之殿试是中国考试制之一种里程碑,其实公元659年高宗李治"亲策试举人凡九百人"。有了这么多的事迹,可见得他纵听任武则天,让她专擅,不能就算庸碌。而且高宗在位三十四年,已经一再在臣下面前标榜他的皇后就是他的分身,他们两人自称"天皇天后",时人谓之"二圣"。所以他生前已经替武则天留下了一个合法的地位。他一去世,遗诏所称,太子即位,"军国大事有不决者兼取天后进止",已经有了皇帝一般敕旨的力量。所以有些高宗朝官,如大理丞(最高法院法官)狄仁杰以后就仕武则天好几十年,并未被视作为变节。

可是这种安排,到底不是举朝上下所能称心如意地接受。况且过去高宗自己被立为太宗李世民之嗣,就曾费过一番周折。只因长孙无忌的竭力支持才能在困难中通过。长孙无忌是太宗文德皇后之兄,高宗之舅。唐朝初年曾策动玄武门之变,帮助李世民夺取皇位,再度支持高宗嗣位后已是三代功臣,两朝元老,为宰相三十年,又兼太尉,也俨然有汉朝外戚之任大司马大将军的声望。只是他反对立武则天为后,被高宗臣下诬构,流窜黔州,后来又被逼自杀。有了诸如此类的事情作背景,武则天也知道自己过去几十年的擅权,"黜陟杀生,决于其口",现在要只身对付满朝的明争暗斗,不能不采取主动的地位。

高宗去世之后不久,首先发生问题的,为儿子李显。他虽被立为皇帝,未有实权。在这时候他封皇后(即后来生事的韦后)之父韦玄贞为侍中(侍从室主任),但管重要任免的中书令不肯与。这不仅是官衔禄位问题,而是因为侍中是举足轻重的官职,又派与于另外一位皇后的父亲,势必与太后冲突。这也基于中国传统政治,真理由上而下,皇权既无法合理化,也不便分割之故。这事也确引起武则天对李显不满,而成为谪废他为卢陵王的主因。不久即有李敬业在扬州以兵反。敬业是攻高丽宿将李勣之孙,他这时被谪降,意态怏怏,也纠合一群对朝政不满意的人在东部举事,看样子他没有真正"勤王"的诚意,他的叛变不出三月而平。但是他的讨武则天檄,为骆宾王所作,是骈文中的名著,经过广泛的传诵。内中提及"君之爱子,幽之于别宫,贼之宗盟,委之以重任",已经把正反顺逆的李唐和"伪武"之阵容划分得清楚,很有宣传的功效。文中又激劝唐朝旧臣用对高宗李治的君臣父子之情,去清算武则天。文称:"言犹在耳,忠岂忘心?一抔之土未干,六尺之孤何托?"更有煽动性。如此就使武则天只有更走极端。

她的政权,既为她本人及她亲信的安全的唯一保障,亲生儿子也是敌方争取的对象,则她也只有一步逼一步。李显与韦后既被流放而受拘禁,一有来使出自武后,则很惶恐的以为是母后要赐他自尽。另一个儿子所谓章怀太子贤的,可能被她亲信所杀,出自武则天的旨意与否无从查证。还有一个儿子早死,剩下一个儿子李旦,纵要他做皇帝他也不敢出面了。以后她之清算唐朝宗室,越做越紧,也逼得很多李家亲王造反,因之才将他们诛杀殆尽,只有一些年轻的孩子流窜岭南才被幸免。**这类事情固然可以表示她的凶狠性格,一方面却也是很多复杂因素一时猬集之所致。她的特务政治恐怖政治也是此时的产物**,其目的也是要让朝中人物于逆顺之间分别去留,甚至对她尽忠为国的狄仁杰也一度被判死刑。如此的发展,很难在她武曌武则天和唐朝的"顺圣皇后"的人身经验中找到前后一致的逻辑,而只能在这政治环境里看出其为一种超过人身经验的运动,有其来龙去脉。

　　所以武则天也要去制造她的逻辑。她发觉自己之为唐朝的皇太后已经不能控制眼下局面,即令儿子作傀儡皇帝也仍不能解决问题,只有一身挺当,"革唐命",自称武家源出于周文王,本身为"圣神皇帝"。好在《周礼》这样一部有假历史性的经典,充分的表扬着中国传统里国家之为王者禀承自然法规一手创制的乌托邦等等思想可以全部利用(例如吏部与天对,户部与地齐,礼为春,兵为夏,刑为秋,工为冬等等间架性的设计和一种美术化的趋向)。而她推崇的佛教,又无形中倡导众生平等,男女也没有基本的区别(但是她仍提倡孝顺父母,在高宗时已经禁止父母向僧侣行礼,龙门石窟的佛像也是替她父母祈福)。既有《大云经》,则可见得大周皇帝虽为女身仍可能为弥勒复生。

武则天引起历史家好奇心的地方，在于虽出于很不利的条件之下，但她的作为仍能成功。她做皇后二十八年，皇太后七年，兹后又以本人名义做皇帝十五年，除了因她自己而产生的问题之外，国家也未遭受过重大的变故。她在697年诛来俊臣之后，统治已比较和缓。中宗的复辟，仅有极少量的流血。所称"社稷宗庙陵寝郊祀行军旗帜服色天地日月寺宇台阁官名并依永淳以前（公元682年）故事"，就轻而易举，可见这些名义和外表上的事物，只是武则天作大独裁者的工具，并不是她施政的真髓。

武则天是否丽质天生，今日已无法分辨，一个简捷的说法，则是她的才貌识见都不能为中庸。她即有"掩袖工谗，狐媚惑主"的能力，那也只能算是当初夺取权位的一种手段，其在历史上的重要性，早被她以后的作为所压倒。我们要确定她在历史上的地位，还是要考虑到她的时代和环境。而她的长寿，则比她的相貌及胆识还要重要。

公元7世纪的下半期，可以视作以隋唐宋为门面的"第二帝国"的一段调整与重新配备的时期。第二帝国由拓跋民族强迫的将一些游牧民族的部落改造为农业社会，先组成一个北魏政权的核心，由山西扩大至河南，更贯穿至陕西。其前身经过北魏北齐北周各阶段，都离不开胡人汉化的政权，采取"周礼式"的书面设计控制着极大数量的小自耕农的姿态。所以三长制、均田制、租庸调制及府兵制的着眼，都不外以一种极简单的数学公式去管制经理成千万的人口。第二帝国之隋唐，承袭了这体制。**它们遇到的最大问题，一是因为国土扩张，**

需要将这种原始组织由黄土区域及华北平原,推而用之于地形复杂,土地所有错乱,物产和交通条件迥异的地区,其行政原则过于简单,而其企图操纵的对象则过于繁复。

其二则是少数民族之酋领与有门第的汉人联婚,经过北朝各阶段,成为一种新型贵族,也有垄断朝政的趋向。旁的人不说,李唐王朝本身,即受这遗传因素的影响。如太宗李世民之文德皇后长孙氏,乃高宗之母。她的祖先即是北魏献文帝拓跋弘之兄。他家人历经西魏北周王公大人的身份,才改姓为长孙。高宗未立之前,李世民之另一位太子李承乾,也是长孙皇后所生。他就喜欢作突厥语,用突厥服饰,行突厥风俗。武则天自己的母亲杨氏,也与隋杨为一家。隋炀帝尚有一个女儿为李世民之妃。而隋炀帝即出自独孤氏,也是鲜卑大姓。当时朝中人物类此极多。高宗之舅长孙无忌已如上述。这种新型贵族不仅与下面以文官组织统制大量小自耕农的体制格格不入,而且牵涉少数民族因素,更有分化的力量,长孙无忌未倒之前即有人说他是"王莽司马懿之流也",其原因已非只一端。

又魏晋南北朝以来汉人之世族,"既不能令又不受命",在各地区造成一种超过政治威权的社会力量,至唐初仍未收声敛迹。太宗令人作《世族志》就希望以他所授官爵压倒"其子孙才行衰薄,官爵陵替,而犹昂然以门第自负"的世族。但是他自己手下的大官如魏征、房玄龄和李勣仍与这些世族联姻,因之他们"旧望不减"。因之高宗又于659年降诏不许十一个世族子弟自为婚姻。

这些条件,概括武则天登场前后的背景,所以她执政五十年,也包括为高宗之后的一段，实在是与亟需调整与重新配备的第二帝国相始终。

如此看来，我们更要体味到 Denis Twitchett 在《剑桥中国史》里所说，太宗李世民的经营实系人身（personal）政治，而非经制型（institutional）的政治。李治与武则天，自称"天皇天后"，才将一个暂时体制，改变而为永久体制。高宗在立武后前已颁布《五经正义》，又于公元651年颁布新订的律令格式（根据太宗遗诏，以永徽律代贞观律），他和武后又以洛阳为东都，已经有与民更始的姿态。**以后更次曲阜，幸孔子庙，诏各州县修建孔子庙，又同时继续南北朝以来的趋势，大规模而有系统地提倡佛教，崇奉老子，造成"三教归一"的体制，在当日算是创造了一种新的意识形态。只是时日久远，我们现在已不容易想象其深切的影响**（此点与近代中国受西洋文化影响相似，所注入的新见解，也使一般人士扩大其视界）。

唐朝政治与以前不同之处，则为地方政府亦由中央督导组织，除黔中岭南闽中之外，州县官亦由吏部补授。钱穆提及东汉士人，则说他们道德观念窄狭，讲到唐朝则说"政权之无限止的解放"。虽然一是思想，一是官制，而两者之间不能没有共通的关系，否则就不会在前后之间产生这样一个大的差别。佛教已为少数民族所崇奉，而且既能以智度禅定迎合知识分子，也能以净土往生引导俗众，就容易在"官倍于古，士少于官"的条件下，发生上下混同的功效。道教的虚寂自然，也有大而化之的用意。这许多思想信仰上的因素，都为政府宣扬而普及化才能在雕版印书、教育比较普遍、水上交通展开、士绅阶层

(gentry) 活跃的时代内，作为新社会的一种精神上的支持。我们无从"证明"如果没有唐高宗李治与武后的一番安排，唐朝不能继续遣派中下级官僚到广泛的地区去上任。只是反过来说，要是这些官僚又都像东汉名士一样，个个以窄狭的道德观念当作社会秩序的根本，并且以私人的意气当作法律执行，则整个组织也就会老早垮台了。

高宗之清算"谋反"株连到自己亲属，又继以武后大批残杀帝裔及大臣，即不论公平与否，也不论与他们当时行事的动机是否相关，因而产生的一段结果则是给朝廷贵族阶级一大打击。有如 Richard Guisso 所述涉及的有好几百家，官僚中则一般都是京官五品以上，并且子孙又不许参加考试，则在武后主持国政的五十年，中国的上层社会必有一个剧烈的变化。

设铜匦告密，不是我们今日所能称羡的事。只是当日一般官僚，确也是需要整肃。譬如高宗时，刘仁轨言，州县每发百姓为兵，富者行钱则免，贫者则征至老弱，有些就逃亡自残（也可以见得府兵制只有在一个极短的时间内一度有效）。武后初立时广州都督路元睿为南洋来的外商所杀，中国的记录也都说是因为路的僚属侵渔番舶，向官厅告状的番商反被枷系。又经过武后一段严厉的惩治，到她末年，还有文昌左丞（内阁总理）宗楚客兄弟犯赃。他们住宅的崇丽使武后的女儿太平公主都叹说："吾辈乃虚生耳。"而最令人发指的则是河北官军不能抵抗契丹保护人民，一到寇退，官厅又抓着百姓以通敌论，动加杀戮，只有狄仁杰才能将这些事情报达武后。**所以从各种迹象看来，唐初大规模的组织一种官僚制度，遇到无数技术上的困难，其症结则**

是不能在数目字上管理，更需要纪律。环境和事实都企盼一个大独裁者出现，武则天适逢其会。

武则天虽不是首创殿试的人，但是她首先自己出面经常策士，不较门第。她精力又强，很多官僚既被诛杀流放，则必要人补抵，通常也由她自己做主。有人说她在位时代，"补阙连车载，拾遗平斗量"，可见得新进人员之多。即以高宗时代的情形而论，官员之入流者13400多人，每年吸收新进人员约十分之一。如此给她操纵经营好几十年。则单只人事安排一项，也可见得她力量之大影响之深。

武则天（或武曌）是传统政治非常时期的一个特别人物。我们很容易从她的事迹中看到当日中国之形貌，却不容易在同样情形之下窥测到她的真性格。譬如我们从现存资料就不容易断言她的性生活（与之相反的，凯撒琳的性生活则非止传闻，有医生的证据见诸书端）。武之引用张家兄弟，给他们的名义为"控鹤监"和"奉宸令"，有将唐朝典闱女史的官职翻一个面的形势。她甚可能以为自己以女身为皇帝，又何不置男妾？然则这类事只能由我们揣想。她对朱敬则奏的反应，也有一重倔强的神气，好像说对这些批评，她早已全不在乎。只是她和男性侍从一起时，"嘲笑公卿以为笑乐"，则看出她应付官僚人物半个世纪，已把他们的弱点完全看穿。

武曌制造了一个新的官僚集团。她的成功半由于在高宗时做天后所集下的威势，但是也归功于她实际了解到官僚机构的真正性格。皇帝是文官集团的主席，他（或她）以理想上的至美至善造成神话的传说（myth），用为操纵大权的根据。既为神话则没有人能对之十分认真追究。只是百官都以假为真，或在半假半真之间捧承这出发点，即给绝对皇权以公通的支持，则已使之无可疵求，不能侵犯。在这条件之下，甚至以后为帝以唐为周亦无所不可。她以"河图洛书"的神秘安排，"万岁通天"等响亮的年号，再加以"齿落复生"等不会老的奇迹，去培养前述神话。另一方面她也坦白承认归根到底传统政治的真面目，则不外实力。她对吉顼说出制马有三物：一铁鞭、二铁挝、三匕首。鞭之不服则挝其首，挝之不服则断其喉。就此她也承认她自己对付不易掌握的臣下也仍不出这套蛮办法。不过那时她已快八十岁。一方面她已感觉地位安全，可以慷慨直言。另方面也是她经营的新文官集团已经奠定了相当坚固的根基，只要常用铁鞭，间用铁挝，不必再多用匕首了。

渔阳鼙鼓动地来

公元755年安禄山叛唐,自渔阳(今日蓟县附近)以十五万之众南下攻占洛阳,继之于次年取长安,迫得玄宗李隆基(即唐明皇)奔蜀,是唐朝由盛而衰的一段分水岭。有些历史家以为这事去618年唐之代隋为一百三十五年,距唐祚之终(公元906年)则为一百五十一年。这一盛一衰的阶段,其长度也大致相等。

小时候上学,还没读到安禄山的身世和他的反叛事迹,却先听到杨贵妃的故事。主要的原因是国文课本中选了白居易的《长恨歌》。当老师吟诵"迟迟钟鼓初长夜,耿耿星河欲曙天"时,抑扬宛转,纵使是铁石心肠,怕也会为之同情落泪。再加上历来文人的渲染,如与白诗并行的《长恨歌传》即称"天宝十载(751年),避暑骊山宫,秋七月,牵牛织女相见之夕,夜始半,妃独侍上,凭肩而立,因仰天感牛女事,密相誓心,愿世世为夫妇,言毕,执手各呜咽",情节哀艳离奇。又再有五年之后,"六军不发无奈何,宛转娥眉马前死"的惨剧,更增加故事的情感分量,怪不得其人其事传诵千古。甚至在抗战期间的重庆,也有1942年国立音乐院排演黄自所作《长恨歌》一事。作者也就是《焦土抗战》的作者——这时完全置敌机轰炸战火蔓延的情形于度外了。在两小时内台上音乐院的师生和台下的听众重新体会一千两百年前一个"英断多艺,尤知音律"的君主和他"姿质丰艳,善歌舞"的妃子当初恩爱与以后生离死别忧恨缠绵的情节。毕竟任何的金科玉律，也要容许一二例外吧！这次演唱，倒也没被人攻击说是逃避大敌当前国运如丝的现实，放弃各人战时的岗位，而去同情一个只顾本身安乐不计生灵涂炭的独夫和一个颠倒社稷的国家妖孽。

其实"人本主义（humanism）"是人类一种共通的性格，白居易的诗既具有这性格，则不论其所叙故事与目前政策有无依违，总之不能禁断。纵有传统中国专制政府的庄严与道学家之刻板，《长恨歌》仍是千古传诵，也能通过抗战而流传至今。

然则白居易到底不是严肃的历史家。即陈鸿的《长恨歌传》也承认白"诗多于情"，作诗的目的就是要让这故事经过他笔下"润色"而不"与时消灭"。所以《长恨歌》只能作国文教材，不当引入历史课目。虽说白诗作于806年，去"马嵬坡下泥土中，不见玉颜空死处"才五十年，与所叙事相去并不远。

白居易没有提及当马嵬坡悲剧发生时，唐玄宗已将近七十一岁（中国传统或称七十二），杨贵妃也三十八。在今日驻颜术的条件下，一个女人三十八岁不能算是年龄太大，但是在中世纪就很难能有"芙蓉如面柳如眉"的吸引力量了，可见得白诗听任感情奔放有浪漫主义色彩。至于诗中人两方年龄有这样大的差别，则是她于745年为封贵妃之前为"太真妃"，更前则为"寿王妃"。原来寿王李瑁，不仅是玄宗的亲生子，而是他所宠爱的武惠妃所生，曾一度提出有被立为太子作玄宗的继承人之可能。所以杨玉环被玄宗李隆基宠爱之前确是他自己名正言顺的儿媳妇。《旧唐书》没有提到这重关系。只说："二十四年（公元 736 年）惠妃薨，帝悼惜久之，后庭数千，无可意者，或奏玄琰女姿色冠代，宜蒙召见，时妃衣道士服，号曰太真。既进见，玄宗大悦，不期岁，礼遇如惠妃。"直到宋朝欧阳修等作《新唐书》才提出"始为寿王妃"。《资治通鉴》则记入开元二十三年（735—736 年间）"十二月乙亥册故蜀州司户杨玄琰女为寿王妃"。据算当时她十七岁左右，与李瑁为夫妇后至少已一年才被玄宗召见（因为武惠妃也是在年底去世）。《长恨歌传》则称"诏高力士（宦官）潜搜外宫，得杨玄琰女于寿邸"。如果此事发生于武妃去世后不久，则杨玉环可能以"女道士"的身份和"太真妃"的名义与玄宗保持暧昧关系至少达七八年之久。因为直到天宝四载（745 年）官方纪录才称"册太真妃杨氏为贵妃"。

可是玄宗之"乱伦"始终不是问题的焦点，寿王李瑁以后也未再产生任何周折。龙武军（侍驾的御林军）在马嵬驿逼着皇帝将他的爱妃交高力士缢死，一是因她之故，玄宗生活糜烂，到流连荒亡的地步。二则朝廷又因她而用其从兄杨国忠为相，安禄山的问题，大部由他激成，以后不可收拾，自应由他负责。关于后者，牵涉唐代国防，因素较多，容下一节"九重城阙烟尘生"再谈，现在说宫廷生活。

《新唐书》说："天宝（玄宗的第二个年号，始自 742 年，以前则为'开元'）外奉军兴，内盅艳妃，所费愈不赀。"因为《新唐书》成于北宋，作者的道德立场又较作《旧唐书》者为坚强，对杨贵妃一家更是指责不遗余力。书内说及天子每年十月赴华清宫过冬时，贵妃之从兄及诸姊幸从，"遗钿堕舄，瑟瑟玑琲，狼藉于道，香闻数十里"。也就是珠玉首饰鞋袜一路乱丢乱甩，不可收拾，显然是夸大其辞。

这种指责也牵涉到中国历史上经常发生的一种问题：**真的皇室生活奢侈，就是"腐化"的征象，而必至国破家亡？**我们知道8世纪的长安，确是有一种升平气象，高级仕女，穿着印花的绸衣，头发挽髻，眼眶之外则施以各种色彩，有如今日之eyeshadow，即女性亦打马球（polo），吹奏小型乐曲（chamber music），一到各种季节，宫女之作拔河戏（tug-of-war）者一次总有好几千人，较之明清已现代化得多。虽道这些人文的因素统是不该有，一定要退步到茅茨土阶，天子穿浣衣，食不兼味，后妃也衣不曳地，甚至上下都穷才人心舒畅？要是今日我们讲历史也仍因袭传统的立场，如何能迎合时下的现代化？又如何能使中国史与世界史衔接？

可见得这中间还有一个重要的历史环节未被提出：前人以为一切都是道德问题，而玄宗唐明皇李隆基一朝，则已产生了一个极为严重的技术问题。

公元754年，也就是安禄山反叛之前一年，户部统计全国共九百六十多万户。这和初唐的三百多万比较，当然有了显著的进步，其原因也不是人口突然增了三倍。而是7世纪初期，开始均田制，原则上加入版册上的户口，就要授田。不管是采登记的户口原来已经领有的田土来算数也好，或者真是政府重新分配而授予的田土也好，下级政府向人民抽税时就要保障他们有田，所以除了最初登记的三百多万户之外，以后的增加，就非常的吃力。例如高宗朝652年，在安禄山叛变前约一百年，全年只增加户十五万，约占当时登记户数4%。另一方面讲，则均田制、租庸调制和府兵制纵有很多的缺陷，仍维持了一个相当容易掌握的下层机构。我们也可以想象从武后到玄宗初年，**第二帝国倚赖着以这简单数学公式作主的间架性设计，将它的实际威权从一个基本核心的关陇区域和东部洛阳推广到全国各地是一种经年累月缓而持重的运动。**选举制度提拔新人不计门户，也要长时间之内才有功效，而唐朝创行所谓"铨叙"，有所谓"三铨三叙三唱而后拟官"的办法，要自春至夏，才能完毕。这尤其需要下层的民政和财政的事项简单雷同，中枢才能将官职成批分派。所以与前述间架性设计配合适当。

公元723年玄宗任用宇文融为"劝农使"，执行所谓"括户政策"。其原则是现下版籍无名的户口，若不是逃户，就是客户，也不究既往，一律着令自首。登记之后免六年赋调，只轻税入官。这办法成功，"诸道括得客户凡八十余万，田亦称是。"只是就遇到很多官僚的反对。难道规避赋役的人户应当让他们违法？以免罚轻税而鼓励他们自首则是苛政？这问题要根据当日官僚组织的特点解释。**传统的官僚政治表面管辖广泛，实际掌握不深，其行政效率靠由上至下加压力，并非循照经济原则，所以只能铺摆场面，对数目字无法精密核算。**各官僚居留于城市之中，胥吏短少，也不能经常体会到乡村各种情形，而最怕变态,此时谁系主户,谁系客户,谁应照原来的租庸调征课,谁可以在六年免征,可能产生无数的纠缠。简言之,**这种结构与现代化组织基本不同之处,则是缺乏民间商业的组织在旁督责襄助,担负其一部行政费用,而责成其照法律条文不折不扣地施行。这也是管制大量的农民,只能以集体的办法和预定的数学公式对付之一大主因。**唐代的租庸调制,至此已发生问题,兼并盛行,人民迁移,版籍紊乱,宇文融的办法为不得已,但是执行时仍在各地产生不同的困难。

可是玄宗后期三十年,户口登记从七百多万增至九百六十万,已经给官僚机构相当的困难,各处文牍山积,很多事项除非高级长官亲身受理,无法定夺。而赋税既增加,则有韦坚的增加督运效率。韦坚是太子妃之兄,此人若生在近代的欧洲,必为商业经理能手。他在741年任水陆转运使,于是修改水道,在长安城外凿成一座人造湖,又集中船舶将江淮南海一带物产分别陈列,驾船人则大笠芒屐,妇女则鲜服靓妆,又歌唱助兴,俨如现代之商业展览会 (trade fair)。只是这样一来,他造成了一个半官半商又不官不商的组织,在现存政治体系之外,也将既有的会计制度弄得文不对题,所输入的物资则一般为消费品。

这还不算,传统作史者所指摘"剥下益上"言利之臣,尚有杨慎矜和王鉷。杨慎矜是隋炀帝的玄孙,他于738年以侍御史知太府出纳。他认为各地方政府缴纳的实物常有水渍伤破,不如"轻赍",即是改折珍贵量少的物品交纳。即是剥下益上,则其折算价格只利于长安,而不利于交纳的地方。而且物资既由常用实物改为珍贵物品,实际已将政府之收入在预算内改作宫阙消耗和赏赐大臣近戚之用。王铁于750年以御史大夫兼京兆尹,领二十余使。他也继续杨慎矜的办法,并且某项赋税已经被蠲,他又独断地征取脚费,结果他在长安控制了大量的物资。唐制虽内宫妃嫔也有官阶,她们的脂粉费也同于薪水,经过王铁的经理"岁进钱巨万","供天子私帑",就不再经过政府过目了。

同时我们还要注意的则是此时大批商业没有展开也无法展开。水道交通既为政府垄断,币制也未上轨道,各处发生"钱荒",私铸滥铸的铜币又禁不胜禁,执行商业的法律则更谈不上。以上各人能建奇功又大部由于这商业真空状态之所致。所以他们都要在长安和各地方引用私人。宇文融即有十九个"劝农判官"巡行各地,韦坚的"纲典船夫"也牵扯到纠纷里面,王铁既兼各项"采访使"、"户口色役使"、"和市和籴使"和"黜陟使",实际已并司法立法行政权于一身,等于刻下西方所谓"经济沙皇"(economic czar)(但是欧美的经济沙皇只管到一时一事)。所以他衙门内"文书丛委,吏争入求署一字,累数日不得者"。他们既另制造体系,凡事靠己意决定,又在皇帝面前邀功,则必与一般官僚冲突。

在玄宗后期任宰相达十九年之久的为李林甫,此人被称"口蜜腹剑",只是他作事按照条理又体顺玄宗旨意,所以得到皇帝信用。唐朝的宰相不止一人,侍中、中书令和左右仆射都是宰相,原来有委员会的形态。但是李林甫以右相总权,也有垄断朝政的趋势。于是在公私上下之间和诸人发生嫌隙。当玄宗流连荒亡之际，朝中产生了无数离奇的案件，涉及术士，私婢、外戚、边将，更因韦坚而牵涉到太子，有立太子而摈弃玄宗之意，引起太子与韦妃离婚以明心迹。因杨慎矜则提到有恢复隋朝的阴谋。结果则除宇文融早死之外，韦坚被谪而在流放的地方被杀。杨慎矜和他兄弟都赐死，王鉷也因为他兄弟造反而赐死。以上各案都在幕后牵涉到李林甫。

只是李林甫以私人恩怨与诸人冲突，却不能重新创造一种官僚集团的体系。**唐朝的财富，在民间经济系统之外，去勉强地支持一种以皇室为主体的城市文化，虽有大量资源却无合理征集分配的体系，其结局仍非国家之福**。玄宗有子女五十九人，他又在长安西北角建立"十王宅"和"百孙院"。李林甫也有子女五十人。《旧唐书》说他"京城邸第田园水硙尽上腴"。《新唐书》也说他"车马衣服侈靡"，又"养君欲"，使"主德衰"，更把他列入"奸臣列传"，可算是尽道德上批判的能事。只是除此以外却始终没有指出**中国传统社会里的一个技术问题：此即是政治系统早熟，缺乏结构之纵深与应付事态的灵活**，只能从一个低水准的环境内使国家进展到小康。一至人文发达，经济突破某种限度，则无所措手，只好说"言利"之臣都是坏人。而且"聚敛"之所得也确是胡乱花费，珠玉乱撒固然是夸大，但是据说宫女多至四万也是骇人听闻。

杨国忠继李林甫为相，也承袭到这一局面，也与皇太子即后来的肃宗有嫌隙。在马嵬驿的龙武将军为陈玄礼，他则与太子有交往，希望玄宗退位为上皇，让太子创造一个新的局面，而不愿皇帝入蜀受杨国忠的摆布。只是他纵容军士造反却不能说及这许多周折。另一方面则安禄山的反叛由杨国忠激成，而杨国忠之居高位，则是杨贵妃的裙带关系，事实显然，而皇帝的荒怠，更无非"内蛊艳妃"。所以连白居易的诗也要说渔阳鼙鼓所惊破的不是军事计划和财政预算，而是霓裳羽衣曲了。

九重城阙烟尘生

安禄山之叛唐及其余波,扰攘达七年之久,不是当时发难的人和对方所能预测。从短时期和近距离的资料看来,这事件应当可以防范,既已发生则应迅速解决。

安在中国史书里称为"营州杂种胡"。实际他父系祖先出自苏定安(Sogdiana,中亚腹地今属苏联),母系则为突厥,在当日中国的边区,他的背景并不算特殊,营州则为今日之热河。当他在范阳(今日北京附近)发难的时候,已有很多中国文臣帮他策划。他所统率的部队十五万人,以一日六十里的行军速度南下取洛阳。唐朝各库房的兵器多腐朽不堪用,民兵也没有训练,此时的"府兵"也多数已成具文,不仅各处没有"勤王"的行动,安的部队还有向淮河和汉水发展的趋势。所以安在公元756年的年初自称"大燕皇帝",已有将唐朝推翻的模样。

可是叛军没有立即西进,给唐军一个在潼关地区增强防御的机会。这时候郭子仪和李光弼又从山西进兵河北,重新光复很多州县,忠于唐室的各地方官也乘机策反,有占领整个"敌后"的可能。只是玄宗朝也没有利用这种机缘,皇帝的敕旨首先就将守潼关的两个将领——封常清和高仙芝——以由陕县退却的罪名判死刑,次之又将一个老病而无心战斗的哥舒翰推上前线,又不让他坚守潼关,以待河北官军扩张战果，使安禄山腹背受敌，而强迫哥舒翰仓促出战，以致一败则不可收拾，安禄山因此入长安，郭子仪和李光弼的侧翼行动也不能生效用，只好由河北经晋陕向甘肃撤退。

倘使这时候皇太子忠王李亨也随着玄宗李隆基入蜀，以后的发展，还可更不能逆料。实际上经过马嵬驿的兵变，杨国忠被军士胡乱地杀死，杨贵妃在众人威胁之下由玄宗命令缢死，史书上留下了一段当地"父老共拥太子，马不得行"的情节，于是玄宗南奔，不久就被"尊"为太上皇。太子则北上，一路收拾败兵流卒至甘肃之灵武，文武臣不及三十人，也通过群臣劝进，"六上笺，上不获已，乃从"的公式，即皇帝位，等宣告玄宗已经没有用场，他就取而代之，因此他就成为兹后历史上的肃宗。灵武的新朝廷收容了郭子仪和李光弼的部队，又以和亲政策，得到回纥的襄助，以一年三个月而收复长安，又一月而收复洛阳。

安禄山已在肃宗发动攻势之前被他自己儿子安庆绪的手下人谋杀，安庆绪则在由洛阳退返河北之后给安禄山手下名将史思明所杀。

史思明也是"营州突厥杂种胡"，他在757年杀安庆绪之前，曾率手下八万之众降唐。肃宗明受他降，暗派人刺杀他，被他发觉。所以他又自称"大圣燕王"，又再陷洛阳。以后在与官军作战不利时为他的养子史朝义所杀。史朝义则被部下李怀仙所杀，事在763年，自此，安史之乱，才算结束。当时玄宗和肃宗都已相继去世，史朝义传首京师之日已是代宗李预的一朝，他也是唐代面临这次变乱的第三位君主。

我们今日在20世纪末期重新检讨这8世纪中期的一段史实,很难在仓促之间,得到确切的结论。前人留下了很多论说,有如《旧唐书》责备杨国忠,说他以便佞成为宰相,颐指气使,等于逼着安禄山造反。"由是禄山惶惧,遂举兵以诛国忠为名",也说及玄宗任人不当。安禄山"性巧黠",又"厚赂往来者",玄宗就让他为平卢、范阳、河东三节度使,又让他兼闲厩陇右群牧使,楼烦牧监,以致将边区蓄养战马的权力都断送到他手里去了,再听任他以蕃将代汉将,一步一步的鼓励他造反。更让安禄山拜他自己为父,杨贵妃为母。《资治通鉴》还提及"贵妃以锦绣为大襁褓裹禄山,使宫女以彩舆舁之",玄宗为之赐贵妃洗儿钱,于是弄得宫廷内外和朝堂上下不成体统,好像这些事也是安史之乱的原因之一。也有些史家认为任用蕃将是一种失策,其咎在李林甫。因为李恐怕文臣入相出将,与他争权,所以怂恿玄宗任用蕃将,好在他们缺乏中国文人的涵养不能在朝廷里做大官,不料将国防重任交给他们,反为他们所制。

以上各种解说,都有牵强附会的嫌疑。真与失真不说,其提出的见解往往是以人事上的片面传闻来解释很多组织上与制度上的大问题。

玄宗于天宝元年(742)置十节度经略使,规定十个国防区,共有镇兵四十九万人,马八万余匹,是个在纸面上讲来非常宏大的计划。以前各边镇的兵力游离不定,这时候人力与资源的分配有如现代军语之所谓"建制",已赋予固定性质。可是我们仔细看来,则又知道**这种堂皇的计划,仍犯着"官僚主义"的毛病,不能离开"金字塔倒砌"**

的"间架性设计",以理想上的数学公式去笼罩真人实事。如以言人员,则此时府兵制度大致已成具文,却又没有完全放弃,边区士兵大部由于招募,称为"健儿"与"旷骑",自737年之后一律长期服役,其中多数则是蕃人,有些还带私马。有如747年高仙芝出葱岭,"是时步兵皆有私马自随"。安禄山防区最成问题的则为契丹及"匈奴别种"之奚(Tatabi),他们经常与安所统属的官军作战。而安禄山叛变时其南下部队却有大量的契丹兵和奚兵,后者即在长安出现。他既曾邀准玄宗以蕃将三十余人代汉将,可见得他组织的杂牌部队,以蕃兵为主体已非一日。如言马匹,则除私马之外,政府并未如若干历史资料之所称,控制大量之战骑。《新唐书》"兵志"说:"开元初,国马益耗,太常少卿姜晦乃以空名告身市马于六胡州,率三十匹雠一游击将军。"也就是以卖官鬻爵的方式揽络少数民族控制的马匹。王忠嗣也是与安禄山大概同时的节度使,他的传记里也提及,"至互市,辄高偿马直,诸蕃争来市"。他在兼任河西陇右(宁夏甘肃)节度使的时候,就将原任河东朔方(山西陕西)区域的马九千匹调到兼任区域,也可见得政府所牧马匹有限。再谈到给养,则边军所用大多得之于屯田。长安附近一带在玄宗初年常受天灾,食粮供应不及,甚至朝廷也要迁往洛阳就食,这时候谷物的供应,大都出于华北平原,北至河北一带。玄宗中期以后,情况好转,北方的税粮改用绢布交纳,但是物资仍是由各地汇集到京畿地带。虽然我们无法确悉当日补给情形,各项记录却没有一个由中枢做主,统筹支配这十个国防区补给的记载。至安禄山之叛变已成事实,《旧唐书》"食货志"云:"两京仓库盈溢而不可名。杨国忠设计,称不可耗正库之物,乃使御史崔众于河东纳钱度僧尼道士,旬日间得钱百万。"更可见得平日两京物资不用以供应边防,如果经常支用时,战时只会加强其出纳,而不致另出主意,以令人民买僧道度牒,即是出资捐买免除赋役的执照,以作筹款的方法。

所以从各种迹象看来,边防司令官之称节度使者,兼管民政,靠自己的机智和统御经理的能力买马招兵,屯粮制械。除了少数情形之下由中央政府津贴外,一般以防区自给自足为原则。越像安禄山这样的人物,"解六蕃语,为互市牙郎",越能看透地方的详情,洞悉人力和物资之所在及征集方法。玄宗也不是糊涂虫,他早知道安禄山能干,足以独当东北军事之一面。只是他的功效愈高,也愈不容易替代。皇帝愈是屈折自己去奉承他,更被人家看出安禄山必反。

这当中也产生一个国防组织与文官官僚组织性格上互不相容的形势:边防着重实际情形,以唐代北方游牧民族之盛,防区以疆域大、资源活用为有利(安禄山外其他各节度使也是一人统辖数区)。司令官以职业化,长久留任,与当地民情风土融洽才有功效。**简而言之,这是一种需要有组织重点,能够发挥迅速确实的功效的一种结构。全国官僚机构的组织则先以仁义道德的立场,造成行政的逻辑,一意保全大体,愿意牺牲局部。**在这种前提之下,人事关系之合宜,超过对工作效率的需要,又要注意淳朴雷同各种职位能互相转让互相交换,不容许任何一方面突飞猛进。即在安禄山叛变之前,这两种组织精神相反,已经有了不能并存的趋向。例如王忠嗣和牛仙客都在边区表现干才,回头到长安却被贬屈或不如意。张守珪在幽州掩饰战败。鲜于仲通讨南诏大败也有杨国忠为他掩饰，反叙战功。即是前述抵抗安禄山的战略失宜，也仍因军事方面的部署，先要满足政治需要之故。**所以安史之乱可以看作这两种体系的冲突所引起的一场变乱。**

长安的政府也早洞悉这中间的蹊跷。李林甫为相的时代，就开始以文人在京"遥领"节度使，而在当地另由武臣实际掌握一切。只是这种办法，只能装饰门面，不能消释内在的冲突。至于"蕃将"，则不是问题的重心。他们的出现无非显示官僚机构与军事组织格不相入。以外国人任高级将领，反可以缓和政治上的摩擦。高仙芝为高丽人，李光弼为契丹人，哥舒翰为突厥人，并没有因此滋事。

至于安史之乱经过七年多，则可见得拥蕃兵造反，易放难收，当日作战的方式是纵容士兵掠夺，一经开始，也不可能由高级的意旨结束。虽然原始资料没有适当的记述，我们也可以想象安庆绪着人谋杀安禄山，史思明之杀安庆绪，史朝义之杀史思明和李怀仙之杀史朝义不仅是个人恩怨，而是叛军的组织之中必包含着多少的矛盾。这也和李唐皇朝内种种黑幕相似。肃宗作太子时，就受玄宗猜忌。他虽在光复长安之后，迎太上皇还都，但是后来即听任宦官李辅国之议，迁太上皇于西内。《新唐书》的"宦者列传"即说"玄宗以迁崩"。官方的记载则是玄宗与肃宗几乎同时去世，相去只十二日。这还不算，代宗李预之即位也要杀张皇后除宦官李辅国。此类事情既重叠不断地发生，我们也不能仅是埋怨人心不好。而必须指出**中国传统政治，所想控制的过于庞大，引用的原则过于简单，当中笼罩着很多不尽不实之处，真有人事冲突时无法圜转，而只有走极端，甚至亲属也成世仇。**

我们在一千两百多年之后，也可以看出安禄山的叛变，表面是被剿灭，实际上是两败俱伤。唐朝的文官制度，经过武后和玄宗间的惨淡经营，渐有头绪，东南的物资，至此也能供应朝廷所在的地区，但是企图组织北方的国防线的计划，却经过此次变乱而永远无法实现。安禄山叛变的根据地，有如《新唐书》所说："付授叛将，护养孽萌"，"讫唐亡百余年，卒不为王土"。有了这段事实，再加上以后五百年的历史记录，我们也可以想象安史之乱不仅是当日"九重城阙烟尘生"，而是随着这次事变呈现了一串严重的问题：中国的后方，有如裴耀卿对玄宗所说，"江南户口多，而无征防之役。"而北方的国防组织，则因为战马的需要，光是"精密耕作"（intensive farming）不能保证其供应，而必须配入"广泛农业"（extensive farming），也就是要包含畜牧。因其范围之大，也不能不以少数民族作为组织上主要成分之一。这两种体制，是否能够共存？是否能受同一中枢掌握？而这同一的中枢是否即以儒家思想为主体组成？"大历史"所提及的"第二帝国"，包括隋唐五代和宋。其历史的重心所在则是解答这一类大问题。

"藩镇之祸"的真面目

我们从小学历史,都知道唐朝有"藩镇之祸"。但是对其实际情形则又茫然。我想今日一般读者的观感,大致仍如此。其原因则是大批读物缺乏紧凑的综合叙述,只是提出一大堆人名地名,使读者无所适从。而且很多古籍上的观点,已不符合现代的眼光。现在让我作一段简单的介绍:

所谓藩镇之患,开始于安禄山叛变之后。起先只有"河朔三镇",此即是卢龙(今日北京及沿长城一带)、成德(稍南与山西毗邻的地区)和魏博(渤海湾迄黄河以北)。每一个镇(有时也混称为"道")辖五六州或十余州,约占今日三分之一个行省的面积。每一个镇的首长即是"节度使",也就是军事首长,兼理税收民政。安史之乱既平,朝廷无力追究其组织系统,只让一批降将,统率这些地区。于是这些地盘,都成世袭。各使在境内自派州县官,自行征兵抽税。他们一离开任所,就自派"留后",也等于副长官和继承人。有时他们也用进贡的方式,向朝廷呈献一部物资,但是税收及其军制,则自行勘定。其中也有军士驱逐他们的领导人物自立首长的情事,唐朝皇室也只好事后追认。而这种独立及分化的运动,延布到今日之山东、河南及安徽边境,甚至长江以南的浙江和四川也有节度使乘朝廷软弱而效尤。

这藩镇之患成为历史上的一段事迹,则以德宗李适和宪宗李纯两朝最为显著,他们之前朝廷对这些藩镇无力过问,德宗开始不承认各藩镇的世袭;宪宗则有系统的用军事力量削平藩镇。他们是祖孙,中间一代为顺宗李诵。但是顺宗即位之前,即因风疾不能发言,在位只八个月即传位于宪宗,与所叙无关。所以这段历史事迹发生于李适与李纯两帝之间,在公元800年之前后约各二十年,共历时约四十年。

中枢企图削平各藩镇的计划不容易生效,是由于皇朝本身没有兵力对付,只能借此削彼,让各藩镇看清他们除非联合抗命,否则只有被各个击破。于是他们互相提倡"合纵"和"连横"的政略和战略,以对付长安的皇室。这种分裂运动于公元782年达到最高潮。反抗朝廷的节度使推极北的朱滔为盟主,称大冀王,其他各称赵、魏、齐王。至此他们也还只有宣告独立,尚无向唐室进兵的准备。直到李希烈于783年从淮西(今日河南之东南角)攻占襄阳和开封威胁洛阳,称楚帝,才使朝廷震动。朱滔之兄朱泚,过去曾自动的提倡尊王攘夷率领唐兵与土蕃作战,这时候闲居在长安。德宗也相信他与各人的叛变无关。不料有一支从西北调来戡乱的军队在长安叛变,他们与朱泚有旧,也推戴朱泚为他们的首领。于是德宗仓皇出走,避难长安西约二百里的奉天。朱泚在长安称秦帝,且曾一度围攻奉天。

德宗接受了陆贽的建议,对造反各臣除朱泚暴犯陵寝不赦之外,其他全部赦免。他在784年所下制称:"李希烈、田悦、王武俊、李纳等,咸以勋旧,各守藩维,朕抚御乖方,致其疑惧;皆由上失其道,下罹其灾。朕实不君,人则何罪?宜并所管将吏一切待之如初。朱滔虽缘朱泚连坐，路远必不同谋。念其旧勋，务在弘贷，如能效顺，亦与维新。"不久李希烈被部下毒毙，朱泚兵败之后落荒而走被杀，朱滔亦气馁而死。只是他们的失败，并不能算是德宗的成功。各藩或子孙替代，或为自己的部属取而代之，其独立与分化的情形如故。有的一家割据一镇达十世以上，历时数十年之久。德宗则"自经忧患，服为姑息"。

宪宗实际上继德宗登极。他在祖父行退让政策二十年后又发动削藩。西川节度使刘辟骄骞，宪宗派兵讨伐后将他削职。夏绥留后和镇海节度使拒命反都被斩首。只是宪宗鉴于德宗之失，行动比较稳健。不在两线作战，不令意存观望的藩镇事先发生疑惧。他之平淮西，费时五年，最后指挥战局的司令官于雪夜行军出敌不意的将对方一鼓成擒。819年平卢（今日山东）之李师道反，其部下叛变将之槛送京师，至此为唐代削藩事业之最高峰。元和一朝（宪宗年号）唐室称中兴。然则好景不长，翌年宪宗李纯即为宦官所弑。原来德宗想要加强中枢的军事力量，组织"神策军"，以宦官统领之，初时不过保卫宫廷，只因神策军的给养补给远较其他部队为优，于是很多边军，自愿"遥隶"神策。朝廷又常派宦官为"监军使"去视察其他部队，如此都增加宦侍的力量，宪宗末年据说常服金丹性情暴躁，才有这样的结局。

藩镇的问题，牵涉到很多因素，不是全靠人事的处置所能解决。宪宗死后才几个月朝廷派往成德与幽州的节度使，或被叛军谋杀或被拘禁，朝廷的戡乱也无成效。于是长安的政府再度承认现实，让河朔三镇自行其是。至此全国划分为四十个到五十个的"道"，其疆域数目也经常变更。各地节度使实际自主的情形,因人而不同,因地而异。所以藩镇的问题,始终没有解决。只是长安的朝廷内宦官废立君主,朋党混淆政局,兹后还要面临流寇之如黄巢者,本身就不能做主,也不能视藩镇为"患"为"祸"了。

现存有关藩镇之患或藩镇之祸的资料,大抵根据"朝代历史"的眼光写成。我们在一千两百年后,如果将过去的限制全部推翻,首先质问唐朝中叶之后是否应当继续存在,甚至中国在第9世纪是否应当保全统一的局面,不以成例视作当然,对于藩镇问题必有不同的看法。

公元780年德宗用杨炎之计,行"两税制",等于放弃以往均田、租、庸、调、府兵等等"间架性设计"的组织与制度。唐朝初年的兴旺,由于起先地广人稀,下层结构紧凑简单。于是继太宗李世民之后,武后则天及玄宗李隆基初年大规模的组成新官僚体系,摈斥巨家大室的力量,将地方官的职权推行到广泛的区域。其执行时全靠由上向下派定的一套数学公式。其宗旨与传统的君主制度,真理由上至下的习惯符合(唐朝的皇帝都称圣人),也和官僚制度所提倡的不相出入。

只是经济的条件蒸蒸日上,人口移动,各地区条件参差不齐,技术管制的因素也趋繁复。这种种变态,也正是以间架性相始终的文官组织力不能及之处。**玄宗一代宇文融的括户政策已经使官僚集团的团结动摇,东南的物资由水运至长安,更开争斗之门,边军用募兵,购**

买战马又要切实顾及各地的情形,更容易使军事配备脱离中央掌握,其基本的原因,则是在极权政治之下,统计数字与真理由上做主。如果以农村组织为单位,其所控制的即有不尽不实之处,易为一村一地容纳遮蔽,不致牵一发而动全身。一到人员与物资丛集,各种因素互为关联则其权利与义务无法交代时,必在组织中发生分裂作用。

两税制出于当时的需要。在新体系之下,中央政府与地方政府互相磋商,决定地方每年向中央的贡献。既是承包制度,则节度使必须有自行立法及控制管区内部人事的权力。可是这种种以地方做主的办法,在中国历史内向无成例,而且民智未开,商业组织幼稚,又谈不上代议政治,于此就造成一种尴尬的局面,引起职业军人之抬头。

这当中的冲突不仅在中央集权和地方分权之争,更因传统的统筹办理,注意全面的均一雷同,与新型财政的重点主义冲突。这也就是说,一方是平衡式的管制,注重形式;另一方面是不平衡的支配,注重实际。杨炎虽作两税,仍着重前者。他的宗旨,以"尚书度支总统焉"一句话包罗殆尽。后者则可以刘晏作代表。他以公款造船,将财政片面商业化,将货物买卖的盈利,增加政府的收入。以两人着眼之不同,虽同在中央服务,终造成两个水火不容的体系,以致刘晏被杨炎谗杀。当日藩镇之自主,也有趋向财政实用主义和重点主义的模样。怪不得很多节度使对刘晏之死提出抗议。9世纪的国防,也有了相当的变化。威胁北方的突厥,业已中衰。吐蕃之为患,端在蚕食疆土,很少大规模地内犯。回纥则既在边区经商也间行剽窃,李唐王朝也用和亲及互市的方法笼络之。只是这些部落逼近长安,中枢责无旁贷，西南的南诏不足成为严重的问题。东北角之奚及契丹，则是鞭长莫及。过去的经验，以官僚机构的方式对付这少数民族的问题，不仅经常坐失机宜，而且其政策易被中枢的责任观念与形式主义所蒙蔽，有时逼着少数民族造反。

《旧唐书》和《新唐书》的"北狄传"都说安禄山事变之后，奚及契丹，就没在河北地区发生大规模的骚扰。两史都说各藩镇本身利益之所在，他们既勤派斥候与巡逻，也不无端寻衅去觅军功。所以从这角度看来，各藩之独立自主，也融合于一个将边防问题合理化解决的趋势。所以牛僧孺就说，只要这些藩镇能捍御北边，他们对朝廷的逆顺，已不是重点之所在。

我们从各种迹象看来，河北在 9 世纪好像已成为农业与畜牧混合的经济区域。确定的证据尚待继续搜集，但是《新唐书》卷二百一十至二百一十三列举割据河朔三镇及山东平卢的世家二十家，内二家出自奚，二家出自回纥，更有契丹、胡及高丽各一家，他们都有中国姓名。奚兵则已在安禄山叛变时在长安出现。朱泚手下的骁将李日月也是奚人。

历来中国与北方民族作战时一个重大的弱点，是战马不继。因为农业倚赖精细耕作（intensive farming），**务必人烟稠密，村舍鳞比**，在此环境内既缺水草，又将牲畜驮载重物，其马必至驽下。可是 9 世纪的各项记录提到河北各镇，则显示其骑兵占优势。而韩愈文称"冀北马多天下"，其马匹之出现为"群"。卢龙节度使刘总于公元 821 年弃官为僧之前曾供奉朝廷马一万五千匹。822 年幽州节度使朱克融也称进马一万匹、羊十万口，虽说后者未必确曾奉行，但是这些征象，表示当地社会经济情形非常特殊，已无可置疑。有些历史家就认为当日河北是一个多数民族与少数民族混同的社会。

综合以上的各种情形看来，唐朝后期之有藩镇问题，已不足怪。而令人感到惊讶的则是在此情形之下李唐王朝尚能继续达百年之久。陈寅恪的解释，则是朝廷能继续以东南的物资支持西北的边防，只要这历史上的任务继续存在，李唐王朝也能继续存在。我们也可以说一定要到中国的国防重点由西北移至东北，以前为边患的游牧民族被新兴的外患所替代，而**这新兴的外患有如契丹之辽，其本身除游牧之外，也具备有农业的基础，中国才会出现一个有竞争性的体制，与之周旋，北宋就在这条件下诞生**。在过渡期间，"藩镇之祸"只是新旧交替之中发生的一种特殊现象。

再笼括叙述一次：这期间最大的变化为土地占有变质，以小自耕农为主体的国家经济不能继续，税制也放弃以前按人口水平征取的原则，而渗入累进税，征取的范围包括间架（房屋地产）、除陌（在预算里强迫节扣）及征商等等名目，其详细办法由各地自理，军备则一般上涨，这种种情形，是社会经济进化的必然现象，只是已与初唐有很大的差别。**对朝代言，藩镇诚然为患为祸，然则他们在历史的长期发展过程中，也仍产生了相当积极的功用。因为新兵制和新税制必要一个新的行政机构主持**。藩镇之职位世袭，他们的继承人（留后）也要部下推戴。其为地方政权则不能完全漠视其地盘内特殊的利害，凡此都与文官制度的统筹支配均一雷同的原则相反，不能由中央通令构成。而他们组织一种精锐的部队（elite corps）称为"牙军"，将他们统御的权力从节度使所驻在之州辐射布及于一镇一道，虽说其税收私自办理，大致仍采取"两税"的原则，这样无形之中在技术上解决了很多极权政治不能解决的问题，也成为一种体系，以后通过五代的局面为北宋所接收，所以，我们不能否认他们在"第二帝国"的历史的演进中，曾产生推陈出新的功用。

黄 巢

中国的民变,通常在开始时,带有几分离奇和神秘的色彩。其原因则是一般农民安土重迁,除非有剧烈的天灾人祸,很少机会能促使大量的人口铤而走险。并且纵使他们被投入变乱的大熔炉,也仍要通俗的宗教思想,有如苍天代黄天,弥勒再生等等传说与观念,发动精神上的力量,去支持其大规模的暴动。又要待这两种因素牵连在一起,酝酿到一段时期之后,这民变才引导出来某种有迹象可循的社会运动,使我们能考究其在历史上的真意义。

公元9世纪末叶黄巢所领导的变乱,不尽符合上开程序。虽说870年间,"仍岁凶荒人饥为盗",曾构成变乱的背景,黄巢和他的身前领导王仙芝却不能在蝗灾所及的山东、河南与陕西奠立反叛的基础。黄巢曾一度称"冲天大将军",也散放过一些谣言与谚语,去助长他的运动,但是宗教上的牵涉引用,却始终不是在他运动之中值得注意的因素,也没有全民动员,促使女人和小孩子一并参与的征象。

关于黄巢的出身,《旧唐书》只称"本以贩盐为业",还带着一种轻蔑的语气。《新唐书》则说"世鬻盐,富于赀",已非一般贫贩脚商。《资治通鉴》更提出他"屡举进士不第"的背景。而且新旧唐书都把他与朱泚并列,《新唐书》更标明其为"逆臣传",可见得传统的作史者没有把他当作一般流寇看待。

《新唐书》又再说及："巢之起也，人士从而附之。或巢驰檄四方，章凑论列，皆指目朝政之弊，盖士不逞者之辞也。"只是其文字过于简单，我们无法确定其"人士从而附之"的实际情形。但是他手下大将朱温，亦即以后为梁太祖的朱全忠，其背景最近经王赓武的研究，证明其并非十分寒微。即此一端，也可以看出《新唐书》所说不虚。

黄巢造反的事业，通过广泛的区域，除在赣闽之间"彤山开道七百里"之外，一般不避通都大邑，也沿着巨流大川来往，所以他部下农民军的成分，并不十分浓厚。看样子他曾吸引一大部城市人口，而且他的部队一经打散又能迅速恢复，所以也必经常收纳过讨伐他之官军的兵员。

公元878年王仙芝在湖北黄梅附近授首，所有流寇逼至长江以南，才使黄巢的运动彻底地展开。他于这年由浙江江西入福建，是年冬或翌年春得福州，又再于879年的夏天攻占广州。在这时候他还希望朝廷招安让他做广州节度使。只是此计未酬又加以疫疾流行，军中病死的很多，他在广州大肆屠杀之后，决心北返，途中不费力地取得潭州（长沙）。880年初他曾被山南东道节度使刘巨容所属的沙陀（突厥语系）骑兵在湖北挫败，但是黄巢仍沿长江中游再寇江西安徽浙江，终在采石渡江北去，兵力称六十万，实际上其数目无法确定。又经过几度迂回之后，先占洛阳次攻陷潼关，至此长安不战而得。唐室的僖宗李儇，早已仓皇奔蜀。

黄巢占领长安两年半，称大齐皇帝。是他事业的最高峰，也是自

投陷阱。他与长安人民的关系,一直没有弄好,自己则放弃流动性,也无法开疆拓土,以致都城内的供应也渐成问题。882年朱温降唐。883年沙陀之"黑衣军"被召勤唐王事,克服长安。但是黄巢即东奔仍与唐军鏖战达一年,终在884年的夏天在山东兵败自刎,离他十年前起事的地方不远。

黄巢的部队渡过黄河两次,渡过长江四次。可是他的南北驰骋,也并不是"如入无人之境"。他初期在长江以北,避免攻坚,只是掠地胁迫人民参与他的行动。他的战术,似得自王仙芝。《新唐书》说及王死之前,曾劫掠安庆南昌岳州长沙一带(唐时为和、洪、岳、潭各州)。其战法着重保持坚强的中枢指挥系统,同时向数处派出搜索部队,如果某处敌方决心固守或准备迎头痛击即放弃这方面而之他。所以地有所不攻,城有所不取。只是南方各大都会一般防御松懈,才给他有机会放肆。他在北方唯一的例外为880年年底之攻潼关。然则这时防御军的主体之神策军,为唐室宦官掌握。神策平日的军籍为长安富家子弟占有,他们借军马和制服装威风,一到作战临时出钱雇贫羸之人替代。而且潼关的防御也着重城楼,而忽视附近地形,因之也让黄巢未战先胜。

长安本身政治之混乱,也与这些流寇的故事不能分割。唐朝的中央政府自9世纪初期以来,有"北司"与"南司"的轩轾。北司为宦官的衙门,他们有四五千人,自德宗李适成立神策军,宦官取得兵权,又废立君主,有逐渐组成一个军政府,与宰相所率领的南司抗衡的趋势。

南司的文官组织也有它自身的毛病。在公元850年以前约四十年，最重要的争执为"牛李党"。牛僧孺与李宗闵是同年进士出身，声气相投。李吉甫和李德裕是父子，其政治力量更是一脉相传。李吉甫为宰相时牛僧孺和李宗闵曾在皇帝面前攻击他。后来牛又和李德裕同是朝中重臣，先后任宰相，也将父子以来的冤仇，牵扯到一起。除了他们个性与背景之外，其政策与立场也有显明的差异。以现代术语称之，李德裕可称"古典型"、"保守派"。他认为对藩镇不可放松，一定要坚持中央的威信，在国防上也要对回纥和吐蕃采取主动，并且排斥新进文官，看不起由科举出身的进士。牛僧孺可称"现实主义者"或"自由主义者"，他看清朝廷力量有限，不愿在内政外交上另生枝节，牛李两方既无合作与妥协之可能，也影响到彼此的门生子弟。

牛僧孺和李德裕在850年前后相继去世，他们的争执已成了往迹。但是朝中分裂如故。早在813年李绛即对宪宗李纯说及："朋党言之则可恶，寻之则无迹。"迄至黄巢占领长安，僖宗在成都的流亡政府也仍是门户派别，各不相让。

这样一个分裂的政府赋予战局的影响则是所有的军事长官都觉得安全没有保障，于是意存观望，不愿有功，但求无过。在湖北击败黄巢军的刘巨容就是一个典型。传说有人劝他乘胜追击黄巢，流寇可望全部歼灭。他即说："国家喜负人，有急则抚有将士不爱官赏。事宁则弃之或更得罪，不若留敌以为富贵之资。"他是否真如此直言，无法证实，但是这种态度则极普遍。即派往剿伐黄巢的大员如高骈与王铎，亦无不如此。所以战场上谎报敌情，各路缺乏协同，预为流寇留出路，不令他们作困兽斗，有战果则不扩张，有时不战先溃成为官军一派普遍现象。因之政府阵容中留下了很多空隙。**黄巢行动叵测，他的眼光不受局部形势限制，他能够协定大部队的行动，不可能没有纪律及军事天才，但是他的成功也还是归功于对方的弱点为多。**

以上各种因素前后重叠互相印证，使我们看出黄巢的造反与一般民变的情形不同。唐代的覆亡，也与汉朝的覆亡有很大的差异。农村问题与土地占有，当然与大问题有关，可是不是最重要的环节。9世纪的中国社会，经过黄巢的骚扰，并没有完全崩溃，有如魏晋南北朝的阶段。以后宋朝的重新统一，也全赖都市里的经营，不需要在农村里改组。

可是黄巢的暴动却彻底地暴露了政府机构间各种事物无法协定的真相。这种弱点也还是要追溯于税收与财政。唐初的租庸调制，有如《新唐书》"食货志"之所云，"以人丁为本"。这样的设计，假设人口极少流动，各地情形一般均一雷同，管理他们的文官组织，也是一个庞大的扁平体，其中各种因素，都可以互相交换。中唐之后，这种情形已经有彻底的改变。杨炎的"两税"符合当时的需要，可是新制度出诸一纸文书。这时候如何按亩抽税，如何行累进税制，如何征收商人的资产税，全靠州级以下地方官做主。地方分权的门径一开，即再无法统筹归并，各道对朝廷的进奉也称"税外方圆"，也有"日进月进"。北方的藩镇既独立自主，到9世纪初期全国只有东南地区约占唐帝国四分之一的地方还向中央按时缴纳税务收入，北方约有四分之一地方则全不缴纳，其他约占一半的地方则缴纳无定。地方政府的收支更无从覈核。837年李德裕代牛僧孺为淮南节度使，两方的交代则称有钱四十万不对数。中央政府自身的收入也有采取承包制的模样。821年盐铁使王播即一次进"羡余"绢百万匹。这样当然谈不上吏治的澄清，也难怪文臣中有党派之争，在这环境下皇帝也只有依赖宦官。

而且唐朝末期的军费，大部靠盐税收入开支，时人就说"天下之赋盐利居半"。除了东南沿海之外，其他的盐池盐井都给各地驻军专利。

财政与税收缺乏规律性与统一性，其结果一方面是科敛重，容易激起民变，王仙芝作乱时其檄则称"吏贪沓，赋重，赏罚不平"。黄巢与他同业盐。在五代十国间为吴王的徐温，创立前蜀的王建和割据浙江的钱镠也都一度以贩盐曾经为盗。可见得政府之专卖食盐与人民生计攸关，其间处置失当就可以使这一项利源成为变乱的渊薮。**另一方面的影响则是在这财政混淆的局面里，国计也受限制**。李德裕企图裁减官吏两千，其原因也是"财日寡而受禄多"。僖宗朝宦官田令孜为神策中尉（禁卫军令），《新唐书》"食货志"也归结他的行动为"怙权用事，督赋益急，王仙芝黄巢等起，天下遂乱，公私困竭"。并且黄巢乱后，他又和河中节度使王重荣争两池盐利。两池的收入向来为王所掌握，他只每年向朝廷岁贡盐三千车。这时田募新兵，希望收回盐利给饷。王重荣一怒之下，又进兵长安，引起僖宗李儼再度出奔。

从以上各节综合看来，黄巢的变乱，证明内地的集体安全，需要一种新的体制，也与财政税收息息相关。这时候长安的唐帝国无力出面领导。而且全国缺乏适宜的币制，富户居奇造成钱荒，通货收缩之余有些税民所付赋为原额三倍。而全国省级单位有五十个道，也亟应收纳归并。凡此都要待五代十国之军政府的一番调整，才能走上赵宋王朝的正规体制。**在这种情势之下，黄巢及其招讨，只是推进历史的工具，而不是历史发展重要节目**。有识者早已看穿个中奥妙。钱镠与镇将董昌都是临安人，他们在高骈指挥之下与黄巢作战，可是钱对董说："观高公无讨贼心，不若以捍御乡里为辞而去之。"这样看清大局，钱镠才能节省力量，以后他一手创立的吴越，统治浙江几一百年，在五代十国间历时最久，也可以说是在大时代变乱之中已先向历史伸展一步。

五代十国

五代史中的冯道，是一位相当离奇的人物。他历事四朝，三入中书。不管主子是沙陀人、西夷人或汉人，也不管他们是创业或守成之主，他都能够怡然作首相，左右如意。他也能出使契丹，与"戎王"论道而使之心折。冯道所作《长乐老自叙》，一篇简短的自传，内中列举他的官衔，倒占满一页。他被封公爵五次。既为鲁国公，也被封为梁国公、燕国公、秦国公和齐国公。可是保全原始史料的人都一致承认冯道并非因谀见宠，而他在朝野生活之中，先已造了一种贤良的名誉。《旧五代史》说他"在相位二十余年，以持镇俗为己任"。《新五代史》也说"道既卒，时人皆共称叹，以谓与孔子同寿，其喜为之称誉如此"。而且新旧两史一致认为契丹之没有夷灭中国人，冯道之力为多。

这故事赋予我们一种印象：传统历史家以"褒贬"为己任。也就是认为盈天地的事迹都可以用同一道德的尺度衡量。可是在其窄狭的历史观里也终产生例外之情事有如冯道者。**今日我们企图放宽历史的眼界，更应当避免随便作道德的评议。因为道德是真理最后的环节，人世间最高的权威，一经提出，就再无商讨斟酌之余地，故事只好就此结束。**传统历史家忽视技术因素的重要，也不能体会历史在长时间上之合理性，这都是引用道德解释历史，操切过急将牵引的事实过于简化所造成的。

公元907年唐朝最后的一位君主哀帝李柷禅位于朱温，自此展开了梁、唐、晋、汉、周的五个短朝代，到960年赵匡胤在陈桥驿被军士推戴，成为日后的宋太祖，当中只有五十四年，这期间在历史上则称为"五代十国"。现有的历史纲要，大部分没有叙述到故事的重点。新刊行的研究文字，则又过于繁碎。都不是一般读者亟于领略又能掌握的资料。

我们应当先看清：在悠久的中国历史里，五十四年不为过长。况且五代十国上接李唐下承赵宋，彼此都是连亘约三百年的大帝国，可见中国社会在这过程中虽经颠簸，并没有完全垮台；并且这五十四年内，尚可能产生若干积极的因素，这样才能让自北魏拓跋氏所创的"第二帝国"继续在历史进程中迈进。

五代十国之产生，由于唐朝的衰亡。但是**李唐王朝之崩溃，并非由于社会之退化，而是由于社会之进化。**一到8世纪，全国人文因素愈趋**繁复**，各地区的进展层次却又参差不齐，其整个的毛病则是一般情况与唐初行政设计的扁平组织发生距离。两税制一行，各地区又自行斟酌处理其财政，其数目字既加不拢来，于是文官组织之各种事务都能按品位职级互相交换互相策应的原则都行不通。政府的措施也难得公平合理，于是朝臣分为党派，皇帝则无可奈何，只好挪用一笔公款组织禁军信任宦官。一到内忧外患加剧，其分化的情势也更明显。

朱温经唐朝赐名朱全忠,他后来又改名朱晃,是从黄巢阵容里降唐的将领,他究竟是狼子野心,老早蓄意篡唐,或事到临头,不得不如此,已无关宏旨。即使他是否如有些历史家所说"自为天子执辔,且泣且行,行十余里"(有些人则说他不过策马先行替天子开道),又是否全部矫饰,也与今人关系甚微。这时他的目标则是重组一个统一的大帝国,于是让自己被封为梁王,以掌握开封一带的南北孔道。又诛宦官,强迫昭宗李敏迁都洛阳,以逼近自己的势力范围和中原物资。904年他更取得诸道兵马元帅的位置。哀帝任命他总判盐铁、度支、户部三司的事务则辞不就。但是至此他取唐而代之的企图已无法包瞒也无从遏止。因为传统的中国政治就不容在皇帝之外再产生一个如此大权独揽的独裁者。

这时候唯一能与朱温对抗的为李克用,他是沙陀人,他的父亲朱邪赤心因勤王赐姓李。在收复长安的军事行动中,李克用建功不在朱温之下。兹后他以晋王的地位,取得太原以北的地盘(河东)作为沙陀骑兵的根据地。五代十国期间,这由太原与开封间造成一项敌对之轴心的情势未曾中断。即使昔日之战友,如今分处两地即为世仇。继朱梁之后,李存勖(李克用子)之唐,石敬瑭之晋,刘知远之汉和郭威之周,其创始人都先后出自李克用的军事系统,虽然在血缘上说,他们和他们的继承人属于几个不同的民族。

实际上五代不过是五个希望成为正规的朝代,且一直在北方。除了极短的时间之外,都定都于开封(汴)。十国则系这五代统御不及的王国,也有前后重叠的情事,大都在南方,也是五代政府鞭长莫及时一般草莽英雄割地据土的产物。唯一的例外则系梁唐晋汉周之周在开封成立时，刘知远之弟也仍在太原称帝，国号也为汉，历史家则称之为"北汉"，算作十国之一。唐朝的二百六十八个州，五代所谓中央政府所控制的不及半数。

当太原与开封展开斗争的时候，有一种侧面的发展，在历史上留下深远的影响。此即是公元936年石敬瑭在太原与开封作战的时候向契丹乞援。后者的耶律德光和他见面之后石敬瑭承认割燕云十六州予契丹，这十六州包括今日河北的北端，北京也在内，又及于张家口的一带和山西省雁门关以北。并石敬瑭称耶律德光为父，每年又进奉绢三十万匹。传统历史家都以为让异族割据长城以南的地带，又称臣纳款，造成历史上至大的错误。迄后中国不知费了多少气力，也收不回燕云十六州。直到1368年明太祖朱元璋令大将军徐达北伐，才算还我河山，至此距石敬瑭的割让已四百三十二年。

然则事实却并不如此简单。契丹发源于东北之辽宁吉林，中国古籍称他们为"东胡"，实际则属于蒙古语系。他们在隋朝即见诸典籍，在7世纪武则天时代即已蹂躏河北。唐朝末年，他们的首领阿保机（生于公元872年），他开始引用汉人，建造城郭，奠定了农业基础，又创造文字，开盐铁之利。在朱温称帝的同年（907年）称帝，虽说还要待四十年后才正式立国为辽，但此时已有适当的典章制度和南朝抗衡。

同时我们还要看清：当日华北沿长城一带是一个汉人为多数民族的农业社会与少数民族游牧社会互为出入的地区，终唐之世没有一方取得绝对优势。《新唐书》的"北狄传"还说最后的一个卢龙节度使刘仁恭，曾和契丹订约，以牧地换战马。而且 936 年之前，契丹之侵略山西北部也见诸形迹。所以这一套的发展，并不完全由于石敬瑭之开门揖盗，契丹立国后进出华北，已是迟早间事，只是阿保机和耶律德光父子利用中国国内的间隙作拓土的根据手腕灵活而已。

从长时间远距离的观点看来，则是中国的政治中心由长安东移，其国防重点也同时东移，以后不仅契丹之辽，而且女真之金、满洲之清都发源于东北，即蒙古部落发迹的克鲁伦河也仍是正北偏东。这中间的一段没有被人注意的发展则是当日河东地区的沙陀势力虽有分化作用，可是经过五代十国的阶段，已渐为次要，以后北宋之征北汉，并不费力。而侧面的契丹问题，则又成为主要。同时宋朝对付这种问题，开始采取一种竞争性的体制（competitive position）。敌方既已成为一个死对头，则不能再以蛮夷戎狄的名义一味轻视，这种态度为汉唐之大帝国之所无，也不是兹后明清两朝所能承袭。

按其实则一个国家和一个社会采取军事体制，即已经不期而然的采取了竞争性的态度。中国之如此，也不始自北宋，也不始自五代，而是在唐末藩镇跋扈的时候，已具其端倪。当时各节度使，割地自守，都在他们掌管的城市里，创设"牙军"。牙军原系衙内之军，不过是节度使的随身卫队。但是一经各藩镇提倡变成掌管者的亲军，如田承嗣在魏博时，"重加税率，修缮兵甲，计户口之众寡，而老弱事耕稼，丁壮从征役，故数年之间，其众十万，仍选其魁伟强力者万人。以自卫，谓之衙兵"。

其他各地不一定能进展到这程度，但是牙军，成为优秀部队，有特殊的饷项给养。内中的将校,又成为节度使的"假子"和"养子",不仅职位世袭,而且队伍一扩充时,他们就升任高级指挥官。其他的"外军"和"团练",则作为第二线和第三线的军备。这样造成一个全国皆兵的姿态。藩镇的军事力量也由所在之镇辐射而达于全道,要不是完全代替了州县间的文官组织,至少也构成一种平行的机构,干预或独断民政。

这些藩镇内的节度使对于"长史属官任情补署",则其经理税收,已无一定的法则。不过照现存的史料看来,他们并没有全部创设制度,而是按"两税"的原则大规模的扩充修正。田赋则一般的提高,房屋也有地产税,盐礬专利惩罚严峻,酒醋官卖,及于曲蘖,货物的进出则在各地设有转口税,通常由军人掌握,即所谓"部曲主场院"。唐制节度使和副使各有判官之外,各道另有"军事判官",这时候各牙军也有"押牙",掌管经理与后勤。这些人员于是利用军事组织,造成财政税收的系统。五代时承袭这种体制,一般将税收增加到最高限度,为传统中国历史所无,经过赵翼在《廿二史札记》里指出,也见于各地方志的记载(有如1566年的《徽州府志》就是一个很好的例子),只是因为藩镇官员一般世袭,他们与所割据的地方,有共同的利害关系,他们也能够窥测到财源的所在,又能负责做主,不致因征敛而产生严重的社会问题。为官僚制度一切由中央遥制只顾系统之完整,漠视各处实情之所不及。

五代对这种军事财政体制,一方面给予承认,一方面也在逐渐加强中央的管制。唐朝中叶以后,常备兵以名称作番号,有如"威武军"、"长兴军"。五代时因袭这种办法,节度使所管辖者为军,也各有指定的防区。于是全国构成几十个军管区。《五代会要》列举三十六个州改隶于各军节度使的经过,证实其整个组织,实系一个庞大的军政府。而枢密使的设置,则表示着中央集权的趋向。枢密使原为小官,在唐朝以宦官典禁军的时代设置。五代时枢密使则显然的成为一个直接报告于皇帝的军政部长,不受宰相的统御。与之相对的则是三司使。"三司"为盐铁、户部和度支。一般说来盐铁所管为新型商业收入,户部则掌传统的农业收入,度支则管辖交通和物品的转运。把这些职责归并于一人掌握,也表现着中央政府财政集中,有策应其军事行动的准备。此外后唐于公元926年设官为"三川搜访图籍使",958年后周派三十四人于诸州检定民租,更显得各地区各自为政的趋向已成过去。这一切措施对奠立宋朝的基础都有相当的贡献。

传统的历史家对于五代十国没有多少好话可说。要不是"僭窃交兴,称号纷杂",则是"峻法以剥下,厚敛以奉上"。他们不知道**在唐宋之间,不能没有这样的一重过渡时期,将军事与财政的管理权放在地方政府头上,使一切更趋紧凑和实际,然后再集中归并。否则就不能构成北宋这样一个带竞争性的体制去和北方少数民族用骑兵为骨干有农业为支援的新型外患周旋。**

况且军备和税收提高,交通与货币的使用活跃,是中古时代刺激经济成长的不二法门。"十国"在南方之"国",经常在同一时期只有四个或五个。这样的疆域与面积也比较便于管理,而以发扬各地区经济的潜势力,则较统一的大帝国凡事都要着重均一雷同的办法有效得多。一般的情形，各国间经过初期分裂的争斗，开始承认及尊重邻国的现状。人质则经退回，各世家又约为婚姻，增进友谊，在收成不好的年份又能互相通融周济。要不是因为北方的外患关系，这样的安排并不见得比统一的大帝国为低劣。

钱镠在浙江筑海塘兴水利。王审知在福建开甘棠港，提倡国际贸易。马殷在湖南种茶，又令民自造茶以通商旅，使茗茶行销于华中各地。又铸铅铁钱，以贱值的货币促进民间的商业。这种种作为也不是统一大帝国的官僚组织所能随意创制而能胜任愉快的。只是武人抬头，文士偃蹇。这五十四年不是大政治家建功立业的际会，甚至也不是忠臣烈士青史留名的机缘，所以在这非常时期，产生了一个冯道，他替一般人民请命，保存了传统统一政府行政的逻辑。一般的作史者，对付这样一位"视丧君亡国亦未尝以屑意"的"无才无德痴顽老子"，又不能随便褒贬，也只好把他当作一位例外的人物看待，让他去自命为"长乐老"了。

宋太祖赵匡胤

中国历史中主要的朝代,每个不同,而尤以赵宋为显著。说也奇怪,各朝代创业之主,虽凭军事力量夺取江山,只有赵匡胤是职业军人。其他如汉高祖为亭长,唐高祖和隋文帝是贵族,元太祖和清太祖是少数民族的领袖,明太祖是农民,他们的政治背景在创立帝业时先声夺人。只有宋太祖赵匡胤以军功起家,即创立朝代之日,仍是现役的高级将领,这与北宋之注重技术,企图在中国历史里打开出路,不因袭前朝作风的趋向有很大的关系。

所以我们从《宋史》的本纪里看到赵匡胤幸造船务、观制造战舰、观水砲、阅炮车、视察练习水战、亲授医官黜其艺之不精者,前后不绝。他自己也武艺高强,骑马射箭均是第一流能手,未做皇帝前曾以大将的身份亲自参加战斗,所以宋朝人也称之为"艺祖"。

既作皇帝则他不能搬出智力德行均高人一筹的表现。可是**赵匡胤不以抽象的观念笼罩事务。他作圣贤之君的观念,能拿出来对真人实事发挥。在各代帝王之中可算是最能说实话的一位。**他要石守信等交出兵权,曾说:"人生如白驹过隙,所以好富贵者,不过欲各积金钱,厚自娱乐,使子孙无贫乏耳。卿等何不释去兵权,出守大藩,择好便田宅市之，为子孙立永久不可动之业，多置歌儿舞女，日夕饮酒相欢，以终天年，朕且与卿等约为婚姻，君臣之间两无猜疑，上下相安，不亦善乎？"因为他的直爽，宋太祖不用汉高祖和明太祖的伎俩去屠杀功臣。在统一期间被他征服的小朝廷的首长，也受优待，无历朝的疑忌杀戮情事，据说他自己曾立有"誓约"不杀大臣及言事官，这一方面表示他的宽怀，一方面也由于他的自信。

赵匡胤受母亲杜氏的盼咐，传位于弟赵光义（太宗），终其身没有因为继承问题而在他左右产生各项阴谋。虽然这种纪录在赵光义一朝就不能保持，宋朝宫闱间的纠纷究竟比各朝为少。这 319 年内（包括北宋及南宋自公元 960 年至 1279 年）也有太后主政的情事，但是未构成女患，宋朝也没有宦官专政的情形。

对各个人作褒贬，不是本书的目的。况且宋太祖赵匡胤没有一般帝王的毒辣，也还不是完人。他饮酒常醉，有一次他所乘马蹶坠地，他站起来就解佩刀刺马杀之。还有一次他举行露天宴会的时候下大雨，他就盛怒，弄得很多臣下惶悚，可见他也有粗蛮性格，他也会冲动而有时不能掌握自己。只是赵宋一朝不以恐怖政治作为它帝业的基础，由来已久。虽然这不能与赵匡胤的个人性格无关，却也仍是历史时势使然。在这三百多年里，中国有了一定的国家之目标（national aim），朝廷成为一个带竞争性（competitive）的机构。在这些条件之下，态势显然，用不着多番矫揉造作，所以其朝政也较其他各代为开明。

赵匡胤在公元960年奉后周恭帝之命去讨伐契丹，兵次陈桥驿，距开封不及一日的距离，被部下以黄袍加身推戴而为皇帝。这种情形，与西方罗马帝国的情形相似，在中国的五代也已数见。即是后周本身，也是在这情形之下产生，恭帝柴宗训，则是一个七岁的孩子，因之960年之政变创立北宋，没有遇到抵抗，在中国历史中也创立了一种不经过流血而诞生一个主要的朝代之奇迹。

出征的军队既还回国都，宋太祖放弃了征伐契丹的计划，这计划也终身搁置。他到晚年才重新展开开封与太原（北汉）轴心间的战事，也因对方顽强抵抗而罢，他在位十七年之中着重以军事力量，削平南方独立或半独立的国家。**在他不自觉之中，完成了一项"大历史"的任务：公元第二千年的上半期，中国南方的多数民族与北方少数民族有了一段长时间大规模的斗争，双方都要作长远的准备。**因为赵匡胤的长远打算，北宋没有继五代而为第六个短朝代。但是赵匡胤并没有完全忘记北方的顽敌。他曾对赵普说有朝一日他要能恢复燕云十六州，他就要在北方山地上古北口一带设防。这计划到四百年后才由朱元璋指导之下遂行。

赵匡胤所灭之国，有荆南（湖北）、湖南（即今日湖南）、蜀（四川和陕西一部）、南汉（广东和广西）和南唐（江苏、江西及安徽之一部）。钱俶所掌握的吴越（浙江及福建之一部）则仅纳贡，钱也和他约定"三年一朝"到开封来拜访他，但是其疆域仍未入宋朝的统治，福建的厦门和汀漳也仍在化外，要待太宗朝北宋才能席卷长江以南。

赵匡胤完成他局部统一之后，曾派官员到各处度民田，但是未曾下令重新分配民间的土地。他也着令"均赋税"，但是一般看来，他仍因袭五代的体制，只有局部的调整，没有大规模的改组。他之没有采用征兵制，尤为各朝所仅见。他治下国家的力役，也尽量避免征派于民间，而由"厢军"（详下）服行。宋朝创业之主用刑罚较前代为温和，但是对官吏的贪污则不假情面。然则他也说到"俸禄薄鲜，未可责廉"。于是他对各级工作人员一体加薪。宋朝的官俸也较其他各代为高。他所设国家储备军，叫作封桩库。他曾说："俟满五百万缗，当向契丹赎燕蓟。"他又曾向左右说："我以二十匹绢购一契丹人首。其精兵不过十万人止费二百万绢，则敌尽矣。"很少的中国君主，会这样坦率地承认各人的私利观，而且赵匡胤很明显的知道国家经济的力量庞大。他的积绢计划，曾给第六个皇帝神宗赵顼一种启发的作用。约在一百年之后，神宗在库房上题自制诗："五季失图，狝狁孔炽，艺祖造邦，思有惩艾，爰设内府，基以募士，曾孙保之，敢忘厥志？"以上32字，以每字作一库的名号。32库积满之后又成立20库。但是其祖先与曾孙都没有看出：经济力量固然可以翻变为军事力量，但是其中又有组织结构的各项原则，并不仅是二百万匹绢，则可以敌对方十万的精兵。这题目关系整个宋朝的历史，当在以下各节分析之。

宋朝号称中央集权。赵匡胤的作法，首重军制与财政。在军备上中央所统制的为"禁军"，诸州之镇兵曰"厢军"；各地方的防守则为"乡兵"。这办法也沿袭于五代之"牙军"的体制。中央经常向各州镇抽调其强壮兵卒，而将老弱淘汰。起先以"样兵"诏诸州选所部兵至阙下,以后则代以木梃,各州镇有照身材招募训练的责任,一到训练成熟其兵员就补入禁旅。禁军虽为中央军也按时派遣驻屯于各地,川流不息。财政方面各地方的收入,同样的分为"上供"、"送使"及"留州"三个部门。"使"为转运使,其职责是将各地财物,输送于中央。在朝代草创时,又在各阶段征服江南诸国时,这些资源竭尽其力的输送于汴京,以致仓库盈溢。有如《宋史》"食货志"有云:"于是外权始削,而利归公上。"北宋政府也因袭五代体制,以枢密院主军事,三司(盐铁、户部、度支)管财政,彼此都是中央政府里最紧要的官署。又以文人知州军事,并且打破了唐末以来地方首长派遣县级官的习惯,重新整个的任命州县官,因之又要着重选举,是以宋朝的考试制度,采取三年循环制,已确实正规化。

以上各种设施都有刺激国家经济的趋势。宋朝在商业方面的收入,如茶矾盐酒超过以前各代。政府又大量铸钱,货币之扩充,在太祖时已开始,以后叠增到年五百万贯的数量,如是两年的铸钱数,就要超过四百年后朱明全朝代276年所铸之总和。如此一来,宋朝的矿产也打破以前的纪录。北宋以开封为国都,南宋以临安(杭州)为国都,专着重水陆交通的便利,在这一点没有多方考虑到军事上和国防上的需要,也是各主要朝代之所无(但是赵匡胤主张定都于长安或洛阳,因赵光义反对而罢)。

以上所述与一般历史书并无出入。这又和"大历史"有何关系?

从远距离的观点看来,第二帝国经过北魏的孕育,隋及初唐间继承着间架性的组织和体制,使这个扁平体的社会发育滋长。经过中唐之后，质量上的进步，使各地区参差不齐，其繁复的情形，超过初唐租庸调的系统所能概括。又在安禄山叛变前后，李唐王朝企图重新掌握局势的诸种办法，如"括户政策"，用募兵创设十个国防区，削藩镇，成立神策军，以宦官作监军，都只有局部的功效，与其官僚制度和立国精神相反，而两税制只有一纸通令，更促进分化的作用，如此只有使唐朝瓦解，及五代十国的出现。

五代十国是一种分裂的局面，概言之，也可以称为军阀割据。然则军人注重实际，以部曲管理场院，固然将税收增高，但是以地方分权的精神主持之，针对各处状况，也能造成政府与民间的一种联系。又有唐朝留下来的一套法令，所以赵匡胤虽武人而能自制，又得了赵普这样的一位贤相，定立了先安内而后攘外的宗旨，就能将一个分裂的帝国，重新凑并拢来。其注重军事技术与财政组织也成为北宋一贯的作风。

可是在诸事发展顺利，统一依计划完成之际，赵宋王朝也预先替自己埋伏了一些日后的困难。**以中央集权代替地方分权，又重新归返到官僚的体制，截断了治理者与被治理者间在各地区中一种自然的联系，并且各处数字幅度上的相差更大，技术上更不容易掌握。**上面已经说及，中国已展开一种在南方以水运占优势的经济体制与社会和一个在北方以畜牧为主的体制与社会。前者过于自信本身外表上和数量上的优势，没有设想到两者在历史上长期的抗衡，可能决定于彼此在时间上和组织上坚韧性的差异。而且补给线的长短，也与战场上的进出有很大的影响。

这些因素不可能由当事人一眼看得透彻，即使几十百年之后，整理历史原始资料的历史家仍没有看清。赵匡胤在公元976年去世之日即算按照传统"盖棺论定"的立场看来，也算得是一位非常成功的人物。而注意事业上的成功，也是宋太祖赵匡胤自己的一生宗旨。他曾在武成王庙观两廊所陈历代名将的画像，当场指示应当"功业始终无瑕"的才配享。因之班超、秦叔宝等23人进升；张飞关羽等22人被退，管仲则特制塑像奉祀。这也与传统的习惯，总是要哼吟着"出师未捷身先死，长使英雄泪满襟"，沉湎于一种悲剧的情调才算得有见识的态度完全相反。只是个人的传记可以盖棺论定，历史却无法盖棺论定，也没有功业无瑕的朝代。**经过太祖的创业，宋朝的历史留下了不少似非而是（paradoxical）的现象：一个以军人为首脑而组成的国家，自始注重国防，偏在军事上的作为，不及其他任何主要的朝代。它的民间经济，也有突出的现象，它却不能掌握这种优势。它企图注重实际，不受抽象的观念所蒙蔽，而这319年在它领导之下，所产生的特出人物，又偏是哲学家为多。**而"学究"首先出现为一种官衔，其成为一种被讥讽的对象，也始自宋朝。我们如何解释这些矛盾？

以下各节当提出我们初步的见解。但是即从以上的现象，也可以断言以短距离近视界的眼光解释中国历史，有它能力所及的限度。

澶渊之盟

1987年夏天我去哈尔滨参加一个国际明史会议,在我个人讲,这也满足了一段心头夙愿。1946年我去东北,曾到长春,只以未能抵达迄北为憾。这次到黑龙江省,也算是幸运。过去从各种读物遇到"松花江"和"黄龙府"的名词,都已经感慨系之。而我们这一代的生活,也始终因九一八沈阳事变而开始其颠簸与折磨。既能在有生之日,还能看到这地区的安稳和奠定,已经有了一种快慰。而且从铁路线看下去,很多地区的景物,以大型的耕作地作背景,杂以各种行树,带着烟囱的红色砖房则结构成各式村落,其形态在粗条的模式下有似于欧洲一些国家的情调。哈尔滨市到飞机场汽车道二十多里两旁行树的绝对整齐划一,更是我旅行中外之所仅见。据说黑龙江的人口,在抗战结束时不满一千万,今日则已三千三百万。其中汉民族占96%,所以少数民族纵可能产生局部的问题,在比重上已不属重要,这种种发展,都证实我所说的长期中历史的合理性。

我作这种议论,其要旨也非提倡大汉"沙文主义"(chauvinism)。国家主义、种族主义和沙文主义之成为一种坚定和普及的信仰,是现代社会的现象。英法的百年战争(Hundred Years War)初起时,纯系一种朝代国家(dynastic states)间的冲突,直到战事末期,民族国家(national states)的情绪才开始抬头;德意两国则迟至

19世纪才成为现代的国家。中国人之不重视国家主义更是由来有素。《孟子》一书中提到舜是"东夷之人",文王是"西夷之人",为参加科举考试的学者所必读。传统的作史者有如《魏书》的执笔者,更指出"昔黄帝有子二十五人,或内列诸华,或处分荒服"。也就是利用一种传奇式的根据,去强调中外一家,间接支持少数民族入主中原之合理与合法。而《魏书》也是廿四史之一。

在这种传统之下,今日中国之所谓汉人,本身已是一种历史上的混成体,除了与少数民族对比,能够借着他们的特殊性格而显示其不同外,不能说是自始至终即已保持其血缘上的独特性。也等于今日之英国人为最先拓殖之土著(Celts)与意大利人(Romans)、丹麦人(Angles)、德国人(Saxons)、法国人(Normans)的混血民族。

而且中国过去一千年的历史中最重要的一段发展,则是汉多数民族与其他少数民族在华北长期的武装冲突。这种冲突并非等闲,对很多人来讲这不仅是生死存亡之所系,也是成仁取义与放弃节操的分歧点,其中也产生了文天祥和史可法等等可歌可泣的事迹。他们的奋斗,绝非由于一时感情冲动,不容后人一笔勾销。只是站在今日的立场,我们却不能完全保持过去多数民族的观点,抹杀少数民族对中国历史的影响(迄今哈尔滨还有一个中国民族史学会和中国辽金契丹女真史研究会)。这原因很简单,中国境内各民族普遍的通婚由来已久,即本文作者及绝大多数读者也无从有把握的证实自己在血缘上讲,其为汉人实系公元2世纪以前之汉,或称唐人为9世纪以前之唐。其为多数民族与少数民族混成的继承人,则难于辩驳。

根据以上的立场，我们认为**中国国家主义的思想，确定于鸦片战争之后。直到外强不把中国当作一个国家看待，中国人才感觉到有组织一个现代国家的必要。**我们写历史，也要基于这种思想。

这篇文字开始所说及的长期中历史的合理性，则是在农业社会与游牧社会的冲突的时候，初期游牧民族容易占优势，大概由于他们的部落组织与军事动员接近。可是他们战胜多数民族之后，就容易被汉人同化。因为他们不能以一个流动的组织，去经常管制一个固定的社会。所以契丹之辽与女真之金，每一克服中国的国都之后即掠取图籍、历象、石经、铜人、明堂刻漏、太常乐谱、法物铠仗以及宫嫔宦官北去，也就是存心模仿以颁布历日统筹农业生产，以各种仪礼维持官僚集团的体系，以宫廷的富丽繁华去支持一种都市文化。也就是有意与无意之中自动"汉化"。同时在同一面积之下，农业的精密工作能支持大量的人口，非游牧的生产方式可比。今日黑龙江有 34 个少数民族，其人口总数却只有 125 万，也是由于这种自然趋势的发展之所至。

本书以时间上的连续进展为线索，提到北宋，迎头就有"澶渊之盟"的一个题目。我写的既为"大历史"，而刻下截前断后的局势既已明朗，又何必提出一般读者很少听见的一个名词？在这里我也要指出：以长时间远距离的姿态重新检讨历史，并不是完全忽视历史中的细微末节。有时这些细微末节间的层次与程序，可以影响到以后的发展至大，不过要经过细密的选择与斟酌。蒋复璁曾说及宋辽澶渊之盟"影响了中国思想界及中国整个历史"。我们这一代在抗战前后受教育，当日国运如丝最怕中途退让，有"言和即是汉奸"的说法，对于历史上的和谈也一昧支吾规避。在这种情形之下，更使我们不能忘记，**直到西方势力东渐，中国历史的主题是多数民族与少数民族间的冲突**。因动员即影响双方的财政与税收，因此又影响到国家体制与社会状态。凡此也都可以自澶渊之盟谈起。

澶渊在今日河南省濮阳县附近，在北宋时和今日距黄河北岸都只有一日行程，去宋都开封，也不过二百多里。北宋的第三个皇帝真宗赵恒于公元1004年在此与契丹之辽议和。结果辽兵北撤，恢复战前状态。北宋则承认每年输银十万两绢二十万匹，其名义则是"以风土之宜，助军旅之费"。双方又交换"誓书"，彼此以平等的地位相待，并且约同"所有两朝城池，并可依旧守存，淘濠完葺，一切如常，即不得创筑城隍开拔河道"。这条约也永久有效，所以共同声明"质于天地神祇，告于宗庙社稷，子孙共守，传之无穷。有渝此盟，不克享国，昭昭天鉴，当共殛之"。书中两方都称赵恒为"大宋皇帝"，辽主耶律隆绪则为"大契丹皇帝"，不称辽。一般历史家均盛传盟时两方约为兄弟，宋主称辽太后为叔母，但此种称呼不见诸誓书。

澶渊之盟在中国历史上是一个迭经争论的题目，有些读史的人认为宋朝不能在开国之初，一鼓作气先攻下契丹，既承认辽政权的存在，又开"岁币"之滥觞，以后两宋之"积弱"，只有使局面江河日下。强调澶渊之盟的得计者则指出，当日兵已攻澶渊（州）城，去开封仅在咫尺，有些朝臣已建议迁都，劝真宗或往金陵，或奔成都，只有主张强硬政策的寇准得到筹划中枢的毕世安的支持，簇拥皇帝亲临澶渊，才能订下这一段和约，兹后宋辽不加兵者一百二十年。况且以绢银与契丹打交道是宋太祖赵匡胤历来的政策，1004年和约未订之前，真宗已打算承担岁币百万之数，后来能以三十万了事，出于意料之外。而盟约最重要的一段收获则是没有割地。然，石敬瑭于公元936年割"燕云十六州"与契丹，内中也包括瀛莫两州，辖今日之河间任丘等地，赵匡胤之前身周世宗北伐时已收复这块地区，历经赵宋保持，契丹称之为"关南"，在和谈时曾一度索还，被宋朝拒绝。因之后来真宗的岁币每年向雄州交付，是为两国国界，如此在和约的交涉中，南朝并不是毫无所得。

从大历史的眼光看来，则这种争辩，只有局部的意义，若从长时期远距离着眼，则是从10世纪到11世纪初年的发展，揭开了今后一段长时间的竞争。契丹之辽与女真之金以一种由畜牧业所产生的政权，配合以新兴的农业基础，以今日的东北及热河为根据地与南朝争夺华北的地盘。赵宋的南朝则自信以南方的经济和资源能战胜对方，这种态度以赵匡胤所称"以二十匹绢购一契丹人首，其精兵不过十万"表现无遗。这长期间的争夺战，不仅影响各朝代的过程，也与以后元明清各朝的登场有密切的关系，即是日本人之制造"满洲国"，仍是企图在几千百年之历史的旧题材中觅得一种新的借口，作他们向大陆发展的工具。

同时这几千百年历史的运转，也不是如一般人所说的只有文化程度低的少数民族被文化高的多数民族所融化。**在双方全面动员之余，中国的"第二帝国"在隋唐宋以来所展开的竞争性和外向的性格**(competitiveness and extroversion) **没有找到出路，而被迫放弃。代之而**

起的是"第三帝国"明清的内向和非竞争性。此是后话。

刻下还待检讨的,则是何以11世纪初年契丹与北宋会达到一种势均力敌的局面。也只有这力量的平衡才能使澶渊之盟可能。

在叙述宋太祖赵匡胤的经历时,我已经提及他虽希望收复北方的疆土,却终其身以先统一南方为前提。对北方的规划,始于太宗赵光义。他于公元979年征北汉(山西太原迄北),这也是"五代十国"之最后一国。作战时契丹之辽曾派兵助北汉。所以北汉一平,宋主就移师攻契丹,一直进兵到今日北京的西直门外。双方大战之后宋军崩溃。《宋史》称"败绩",《辽史》则称"宋主仅以身免,至涿州窃乘驴车遁去"。次年宋军卷土重来,又在莫州(今日之任丘)战败。太宗的第三次攻契丹是在公元986年,除在正面进攻之外也在山西方面大规模发动侧面的攻势,也终没有成功。

这三次战役都有几共同的特点:宋军总是先胜后败。在外围和侧翼作战时,契丹虽败仍然没有放弃他们的镇静姿态。一到宋军主力移师深入,辽军才给他们迎头痛击,战事非常惨剧,双方高级将领阵亡重伤被俘之事经常有之。多次宋军战败由于食粮与饮水不继,有时补给线也被辽军截断。既获全胜之后,契丹却没有组织大规模的反攻。在恢复失地之后只以少数部队骚扰敌方。

若干非官方的历史资料指出三次失败之后宋太宗赵光义即决定不再攻契丹,而趋向和谈。加之他在公元997年逝世,据说乃是以前作战所负伤箭创发作之所至。而且官方的记载也称女真曾一度上书请征契丹,北宋朝廷不许,是为以后女真附辽的根据。而且西夏也与辽联婚，对南朝叛顺不定，终至成为赵宋之劲敌。

后来中国在唐宋之间对西方经济的开发，有很大的进步，北方的少数民族在北方的经营也有类似的进步。阿保机（后为辽人称为太祖）称帝时（事在公元907年也即是朱温代唐之日）已有高丽回鹘以及中国之吴越进贡，并且在920年制契丹文字。他不仅置城郭，并且多次俘虏汉人，充实他后方的根据地（掠夺人口是当日作战时的常态，亦行于赵宋），以至市肆教坊都渐仿中国风制。太宗耶律德光得燕云十六州后又将太祖所设置的南北两院大为扩充，也就是根据《辽史》百官志所说"北衙不理民"的原则，对北方袭用部落的组织结构去统辖以下州县。而"南衙不主兵"，则是在长城以南的地带，以中国式的官僚机构，主持丁赋，但是民政与军事分离。又允许在南部的契丹人"授汉官者从汉仪，听与汉人婚姻"。他们的军备，也以契丹及奚人的"帐族"编为"宫卫"及"行营"。汉人则称"转户"，每一县都有一定的丁额，配属于各"斡鲁朵"（宫）。

在这种体系之下，有辽全国皆兵。"凡民年十五以上，五十以下，隶兵籍"。契丹兵马强盛，大半由于他们平时编制和战时编制接近，有如《辽史》兵卫志所说"始闻诏，攒户丁，推户力，核籍齐众以待"，惟其内部简单均一，执行起来才捷劲有效。并且他们的下层组织，"每正军一名，马三匹，打草谷，守营铺家丁各一人"。其马匹弓箭皆自备。又称"人马不给粮草，日遣打草谷骑四出抄掠以供之"。辽军在耶律德光时即称有骑五十万，以上办法恐怕不能经常维持。但是其组织粗朴，能适应于简单的农村社会则无可置疑。与之相较赵宋采取募兵制,其后勤统筹,大部物资由江南运来。其外表新式时髦,可是推行于一个农村社会构成的国家里究竟有很多不合实际之处。赵光义时开封的仓库堆积的雨衣和帐幕有"数万段"破损,可见得其军事补给制度过于繁冗,不是当日社会条件足能支应。从各种迹象看来,与契丹作战北宋已感到民间的负担不易支持。《宋史》称986年北伐失败之后,朝廷于翌年"遣使市诸道民马"。当日契丹不许马匹入宋,政府方面缺马,其民间之困窘可知。1004年澶渊之盟既成事实,朝廷在收瘗战殁遗骸之余,也同时停江南所增榷酤钱,罢民间飞挽。

可是契丹采取战略上的防势,内线作战,累败宋军,远征敌境也究非所长。《辽史》兵卫志里就早留下了一段"不许深入,不攻城池,不伐材木,但于界外三百里内,耗荡生聚不令种养而已"的原则。1004年的作战,由所称睿智萧太后主持(契丹后族都以萧为姓)。她专政多年,能驾驭契丹皇族将领,也能重用降人,所以才能冒至大之险。但是当日辽军由遂城取安国经过冀县永年展开于清丰及观城(以上均用今日地名以便查考)深入敌境七百里,后方的重镇如任丘保定河间沧州却都没有攻下,看样子只有先声夺人(preemptive)的姿态,没有与北宋作生死斗的决心。况且指挥作战的萧挞凛又阵亡,则和议已是求之不得了。

所以澶渊之盟是一种地缘政治(geopolitics)的产物,表示着两种带竞争性的体制在地域上一度保持到力量的平衡。也只有在这重地缘政治的影响之下,我们今日旅行于沈阳长春与哈尔滨,仍感觉得几百千年历史的阴影,仍不时出现于我们的脚跟后面。

王安石变法

公元11世纪后期宋朝的第六个皇帝神宗赵顼引用王安石,置三司条例司(财政税收设计委员会),创行新法,是中国历史上一桩大事。这事情的真意义,也只有我们今日在20世纪末期,有了中国近代史的纵深,再加以西欧国家现代化的经验,才比以前的人看得清楚。

基于这种观点,我们可以把这段历史题材整个的拿出来重新商榷检讨。

王安石没有被神宗重用之前,已有才名。"宋史"说他"属文动笔如飞",又"议论高奇,能以辨博济其说"。辨是分析的能力,博是见闻的广泛。其人既有如此才华,因之虽只做得中下级地方官,已得到文彦博和欧阳修的推荐,也有了司马光、韩绛和吕公著的宣扬(后来除了韩绛之外,他们都成了王安石的对头)。神宗于1067年嗣位,初以王安石为江宁府知府,六个月后调他为翰林学士,已有了御前顾问的姿态。一年之后又任他参知政事(在宋朝可比拟为副首相),专务"经画邦计"。然而神宗是一个有雄心的君主,一意要收复契丹和西夏占领的国土(其实其占领已在宋前)。他曾对文彦博说:"当今理财最为急务,备边府库不可不丰。"然则这富国强兵的着眼,一般儒士已把它当作法家宗旨。一代文豪苏轼就说他"陛下求治太急,听言太广,进人太锐"。两朝元老富弼更毫不容情地说他"陛下临御未久,当布德惠,愿二十年口不言兵"。皇帝之重用王安石新法,引起满朝重臣的反对。以后这批"反改革派"或被贬派为地方官、或退休。王安石于1070年同平章事(任宰相),朝中大官能与他合作的只有韩绛、吕惠卿等,兹后被称为"熙丰小人"(熙宁与元丰都是赵顼的年号)。1074年皇帝迫于众议,也可能因太皇太后曹氏的干预,王安石免相,可是不出一年又调回开封平章如故。王安石再相一年九个月,终被罢免,皇帝给了他一个公爵和节度使的头衔,而实际的职位,则是"判江宁府",也就是归返到他起先在神宗手下第一个官职。

神宗于1085年初去世,继任皇帝哲宗赵煦实足的年龄九岁不到,他未成年时由神宗之母太皇太后高氏(庙号宣仁圣烈)听政。她逐退了王安石的改革派,起用反改革派的先朝重臣如司马光、文彦博和吕公著,一时新法罢免殆尽。可是八年之后太后去世,皇帝亲政,他赵煦又来一次翻案。他不仅重用改革派,并且夺司马光谥,又重修"神宗实录",以便支持新法,一时反改革派人物被称为"元祐党人"(元祐是哲宗于太后听政时期的年号)。

公元1100年赵煦去世时无子嗣,皇位由神宗第十一子接替,此人赵佶,即是后来被金人俘虏死在五国城(在今日吉林东北)的宋徽宗。他早有"轻佻"之名,要不是朝议和命运的错安排,他倒很可以以画家和文物收集家的身份在历史上留名,作皇帝确非所长。他在位期间对新法也有两种不同的态度。他最初支持反改革派,司马光、文彦博、吕公著等也都身后复官。可是仅一年余,前被放逐的章惇和蔡京又被召回京师居要职。他们也可算得幸臣兼改革派。章惇曾任王安石的助手，蔡京则以修史在御前被器重。这时候徽宗赵佶也说"朕欲上述父兄之志"。于是朝中权要以"绍述"的名义，恢复了一些二十五年前王安石所行新法，如方田、如榷茶等等。并且又怂恿徽宗将司马光以下120人列为"元祐奸党"，以后更扩大其名单为309人，镌石于全国州县，以便分辨"忠邪"，皇室不能与他们通婚姻，他们的子孙也不许来开封。王安石则配享孔庙，成为孔孟之外的第三个圣人。

于是"宋人议论未定，金人兵已过河"。这还不算，即偏安江左，南宋人仍没有放弃由于王安石新法所引起的争执。最近何湘妃发表的一篇文章，即指出宋高宗赵构朝又在修改"神宗实录"和"哲宗实录"。也还是向王安石重新批判。

今日九百年后我们从长时间远距离的姿态读历史，已无从确定以上各人的忠邪，同时也无此必要。如章惇和蔡京确系能干，而前者跋扈，后者谀幸，但是"宋史"把他们两人一体列入"奸臣传"里，又未免太简化历史，并且苏洵斥王安石等"囚首丧面"以论诗书，宣仁圣烈高后在《续资治通鉴》里被赞扬为"女中尧舜"，也都是一面之辞，只能融合中国传统以粗浅的道德观念批评历史人物的办法，这中间只有至善及极恶。我们如被这些观念蒙蔽就容易忽视我们自身读史之目的之所在。

王安石能在今日引起中外学者的兴趣，端在他的经济思想和我们的眼光接近。他的所谓"新法"，要不外将财政税收大规模的商业化。

他与司马光争论时,提出"不加赋而国用足"的理论,其方针乃是先用官僚资本刺激商品的生产与流通。如果经济的额量扩大,则税率不变,国库的总收入仍可以增加。这也是刻下现代国家理财者所共信的原则,只是执行于11世纪的北宋,则不合实际。

和这问题有密切关系而待澄清的,则是**有些历史家把中国两千多年来的君主专制,解释成为一个"封建社会",极不合理,与宋朝的情形尤其是文不对题**。封建着重地方分权。皇室只责成诸侯对中央有一定的贡献,其采邑内部的处理,由他们自行裁夺,中国的传统则是皇帝派遣官僚到各处向全民抽税,我们称之为"官僚主义"(bureaucratism),这是一种中央集权的特殊办法,迄今还没有一部专书,缕列其中各种特征。

我个人长期研究其财政与税收的情形,则发觉这种体系,包括过广,下面的单位过于琐碎,在传统的交通通信条件之下,官方无法确悉每一纳税人的资产,尤其无法追究其转买顶当。至于抽累进税,更是技术上为难的问题。于是只有鼓励小自耕农各安本业,又竭力防制兼并,更以极低的税率,扁平的向全国征收。而且小民收入浅薄,也不能供应法庭审判的费用,于是民法长期间没有进展,政府则提倡各人自我约束(self-restraint)和对人谦让(mutual deference)。在行政方面说也就是不注意真切,不讲究效率。好在这些个人的美德,出自儒家经典,也为官僚集团成员所诵悉,因此以道德代替法律,也有长时间历史的根据。纵算理想与事实不符,只要全体官员将这些原则当作口头禅,着重其内部之淳朴雷同,也仍可以保存这官僚集团的完整。

可是北宋开国以来，其朝代本身的特征，已经和上述的情况发生距离。第一，赵宋王朝之为一个朝代国家，在中国历史里最富于竞争性，因此其行政效率非常重要。第二，其收入以银绢和缗钱作基础，也就是其经理倚赖于民间经济比较前进而灵活的部门，而把人力及食粮当作次要。第三，其税收底账根据五代十国间的数目字，比一般的将税率提高，同时政府大规模的开矿铸钱，更使其数目字无法固定，也违反上述简单均一的原则。

综合这些条件，我们也可以说**中国在公元 11 世纪已经在某些方面感受需要现代化的压力**。前面也已经说过，宋太宗赵光义时代军用雨衣和帐篷已经有"好几万段"在库房里霉烂。《宋史》食货志又提出神宗赵顼时内殿库房所积绢 32 库都已积满，更再积羡赢为 20 库。如此庞大的物资，实在有以用商业方式管理处置之必要。最低限度也要让它和民间的市场交流。而民间商业的组织也可以藉此发展成熟，因之能对政府的财政经理和军需工业作第二线和第三线的支持。西欧各国和日本的现代化，也都经过如此的阶段。那么王安石岂不是独具只眼，可以把中国历史一口气提前一千年，为什么他事实上会遇到这么多的阻折？

在答复这问题之前，我们先要知道所谓现代化，以商业的方式管理，或者说是推行金融经济，在数目字上管理，都先要具备若干基本条件。简言之，则是先要**承认私人财产权之坚定性，如此其下层机构内才有能确切加减乘除的公数**。这说来容易，可是实行起来等于推行一种新的宗教思想,因为所牵涉的不仅是千万人的生活,而是他们生活的宗旨。以西欧言,则经过宗教革命、政教分离才能达到这目的。**次之私人财产之享用转让,也要脱离专制皇权和宗法社会的限制与垄断**,不仅司法要独立,而且民法也要彻底展开,诸凡婚姻、遗传、负债,签定合同的信用宣告破产的程序都要有合理的处置,不仅法律的条文具在,而且与民间生活习惯也不发生轩轾。北宋期间中书管民,枢密管兵,三司主财,所有重要的数字已经不能对照,而下面则是亿万不识字的农民,社会上又普遍的缺乏中层机构,所以我们也用不着追问他荆国公王安石介甫是否贞忠谋国,已先可断言他的筹划不合实际了。

仔细参考《宋史》里的叙述,我们也可以窥见新法失败的情形,譬如"方田法"以东、西、南、北各一千步为一方,内按土地肥瘠分五等抽税。可是即在畿国的开封府,其测量就产生技术上的问题,有谓"时方时止",县内有山林,即无从着手。"免役钱"令百姓一体出钱,以代替"衙前"等向民间征发的义务差役,可是乡民无钱,也等于在农村推行金融经济,而此时金融在城市里反不能展开。"市易法"不能集中于批发业务,以致执行者自己成为零售商,到街上去卖果卖冰,甚至"卖梳朴即梳朴贵,卖脂麻则脂麻贵",为神宗亲自谴责。"青苗钱"以常平籴本一千四百万作本钱,等于农村贷款,春散秋敛,收息二分。但是无银行主持,缺乏法庭处理贷款的权利义务。有些县官就将整数交给若干农民,也不问他们愿借与否,只责成他们彼此保证,秋后一体带利归还。甚至在执行时,若干县份被指摘并未贷款而向农民一体索息。以上各种措施都有广泛的利用金钱的趋势,但是新法内的"保甲"及"保马"又反其道而行,科徭役于纳税人,而以集体负责(group responsibility)的方式主持,实际上也是和前述各法作对。

说到这里我们也可以再索问:新法既然如此缺乏成效,为什么王安石这一"问题"会在三个皇帝两个太皇太后之间酝酿得这么久?原始的资料不能供给解答。我们只能据理猜想:**当时人没有我们眼光之纵深,却也没有我们这种宿命论(fatalist)的看法,会认为当日新法必不行。**11世纪环境的压力,已经逼着他们找出路。同时新法中有些项目,要是根据各地特殊情形有选择的谨慎的局部施行,也并不是完全虚枉。王安石的传记里说他在见神宗前,曾为鄞县(宁波)县令,就曾试行过青苗钱,最低限度在短期间内确有效果。如此可能引起热心的皇帝相信反改革派必是有意从中作梗。并且每次朝廷改变宗旨,也确是权臣扩张势力扶植私人的机会。可是我们仍不当忘记,**在中国官僚主义的体系内,政府局部的经商,通常没有好结果的。**王莽、桑弘羊、韦坚和刘晏已是一串好例子。在思想上和行动上两方面的距离都相去过远。

王安石新法失败的后果,超过过去一般读者之所想象。三百年后明太祖朱元璋放弃第二帝国开放性的财政设施,而采取一种保守性和收敛性的体制,与他个人对王安石的反感有关。这种反感见诸文字。

涉猎于大历史,我们也觉得这王安石的故事深有耐人寻味之处:试想九百年之前,中国即企图作现代性的改革,而当日欧洲,尚停滞于中世纪的黑洞内。这和本世纪两方的悬殊相比,前后相差何远!**然则在这关头我们要摆脱宿命论之看法的话,则更要认识地缘政治(geopolitics)之重要。中国的官僚主义,是亚洲大陆主体(land mass)的产物。其政治体系既要管束亿万农民,又要对付森林地带和草原地带的少数民族,就只能注重数量无法提高效率,不容易改变而成为一种轻而驾巧带商业性的组织。要是王安石真能把中国历史提前九百年到一千年的话,则我们这样一个大历史的观念都不能存在了。**

靖康耻

宋朝第八个皇帝徽宗赵佶于公元1125年金人进逼汴京之际仓皇传位于皇太子赵桓,翌年改元靖康,徽宗南奔,赵桓成为历史上的钦宗。这位苦命的皇帝,做皇帝只一年多,被金人掳去,终身监禁达三十年之久。

其实徽宗也未漏网。1126年,也是靖康元年,钦宗搜括开封市内的金银贡献于金军,承认割让北方太原等三镇,敌方后撤,京师解严,太上皇徽宗为群臣谏劝表示团结一致的局面下回汴京开封。不料朝廷尚在和战未决间金人卷土重来,这次他们不再与赵宋交涉,竟掳获当今皇上、太上皇暨后妃、皇子、公主等三千多人北去,虽然这事发生于1127年年初,通常历史家公认北宋亡于1126年。此后徽钦二宗先后死于五国城(今日中国之东北角)已不在话下。

只有在这纷乱期间徽宗之子钦宗之弟康王赵构能够举兵脱逃,在南京称帝,是为南宋的高宗。他即位未久也被金人追逐于江浙沿海一带,有一个时期亡命于海舟之上。后来总算定都(只称"行在")于临安(杭州)。又直到1141年秦桧的和议成功,赵构向金主称臣,每年纳岁币银绢各二十五万,又认定淮河为界,南宋的局面才算比较安全,如此保持半壁江山至1279年亡于忽必烈之元,先后延宋祚又153年。

靖康这悲剧性的年号千古普遍的流传,大概是由于岳飞所填词《满江红》有"靖康耻,犹未雪"字句之故。既称之为"耻",则是不应当发生的事迹,竟让之发生。1126年斡离不进军开封之际,兵力不过六万,北宋各方召集勤王之师,号称二十余万。只是和战之计仓皇未决,以致人心瓦解。当时如果持以恒静,何至如此凌受羞辱?这样子的分析与辩驳,已经有很多历史家先后为之。并且追究责任,既有靖康不可收拾局面,又有徽宗之任用蔡京,因蔡京更可以追究到神宗之任用王安石。

历史家铺陈往事,其主要的任务是检讨已经发生的事情之前因后果,不能过度着重猜度并未发生的事情,如遇不同的机缘也可能发生,并且可以产生理想上的衍变(除非这样的揣测提出侧面的及反面的因素,可以补正面观察之不足)。并且金人入主中原,"废"北宋皇帝为"庶人",至今已八百多年。今日我们亟要找得众所公认的原因。专门相信当时人个别追究责任维持己见的说法,很难与今日的理解符合。

从这种立场,我们可以看清:赵宋王朝319年与边区少数民族所树政权的周旋,经常站在被动地位,因其不能战,也难能邀得对方的同意言和。太宗攻辽既已三度失败(详"澶渊之盟"),1041年契丹又准备南犯,富弼的交涉,总算不辱使命,但是还是以增岁币了事,到头仍是军事力量不够。北宋不仅对契丹之辽及女真之金如此,他们对以西羌为主体组成的夏国也不能采取主动。其军事行动,经常旷日废功,败兵折将。神宗朝的战事,连亘十四年,竟留下一段"官军、熟羌、义保死者六十万人"的记录，赵顼一闻前线受挫折的战报终夜绕榻而旋，其衷心痛苦可知。议和时宋朝仍承认岁"赐"银绮绢茶。

南宋的军事与外交，也无起色。"靖康耻"之后，岳飞父子即成为 1141 年和议时的牺牲品。只有 1165 年宋金又交兵，胜负未决之际和议成功，金人让宋君称皇帝，称金主为"叔"，自称"侄"而不称臣，岁币也不称"贡"，且减十万，宋人以为这是"正敌国礼"，如此收获已经值得骄傲。也只有在这战事期间，岳飞才复官改葬。可是 1207 年韩侂胄北伐失败，金人要他的头颅，南宋朝廷也真剖棺割尸，将他的首级封函畀金。同时岁币也增至六十万，而且还要予六十多年以前主和议的秦桧"复爵谥"。又直到蒙古败金时才接受真德秀的建议绝金岁币，但是以后南宋之联蒙古伐金也和北宋之联金伐辽如出一辙，其情形可以一言以蔽之，就是无法争取主动。

这前后一连串的事实骤看起来，实在是违反情理。北宋的人口即使极粗率的估计也应当在一亿以上（1088 年有"丁"三千二百余万。1079 年籍保甲及民兵 718 万），而常备兵兵数在 11 世纪中期之后，经常在百万以上。即南宋快要覆亡之前夕汪立信陈贾似道三策，仍称江南之兵抽之过江"可得六十万矣"。契丹女真与蒙古，无此庞大的人力。赵匡胤谓契丹精兵不过十万，靖康元年金军围汴京时，其人数也只六万。据中外学者的研究，蒙古势力最高潮时，其人口亦不过一二百万之间，可能近于百万。即算女真迁都开封其版籍达到最高点时曾称管辖人口达四千五百万，按照两方控制的地区，其人口仍应低于南宋，而且内中绝大多数仍为汉人。

如言文化程度及经济力量，少数民族不能与多数民族相提并论。12世纪及13世纪中国将南方的水利丝茶瓷器漆器的生产发展到最高度，开封与临安一般的生活程度较之世界各处并无逊色，至今西方及日本之若干学者仍盛称宋朝之中国经过一段"文艺复兴"与"商业革命"。虽然历史上的辽阳和北京，已于此时创建，因其非商业上的城市，仍无法与南方之大都会比拟。即算南宋需经年向北提供岁币，其银绢五十万两匹之数仍只占国家收入之一小部分（专家估计岁币达一百五十万时仍只值南方政府收入之百分之二）。并且两方的榷市时，虽然铜币流入北方，银两仍流入于南方。即在战事失利时，宋朝并无物资缺乏的征象。《宋史》"食货志"提及神宗用王安石变法期间各仓库实际丰溢超过储藏的量限。哲宗时苏轼言："元丰及内库财物山委，皆先帝多方蓄藏，以备缓急。若积而不用，与东汉西园钱，唐之琼林大盈二库何异？"即在徽宗时，"蔡京传"里仍提出"时承平既久，帑庾盈溢，京倡为丰、亨、豫、大之说"（金钱物资既已积蓄丰富，则要经常流通，经济的幅度才能宽裕扩大，彼此有循环性）。所以他对徽宗说："今泉币所积赢五千万，和足以广乐、富足以备礼。"所以宋朝的富裕超过以前各朝代。

宋朝的人口与物资，不能有效的动员，以致军事与外交，一蹶不振，成为历史上一大悲剧，迄今尚缺乏一部综合性的著作，详细检讨其始末。**大概西方的研究，分工过细，忽视传统中国以"经济"为官僚主义管制的办法。包括国计民生之种种切切。传统中国学人之治史，则先以道德观念阻塞技术上的检讨。**如果我们将眼光放宽，即以

《宋史》"食货志"及"兵志"参考对照,也可以产生一种概念,知道现代金融经济,需要详确的法制维持,先要确定政府征兵抽税的权责之界限,才能保障私人财产之不可侵犯,然后国民经济,足以构成服务性质的部门(service sector),包括交通通信保险及雇用律师等等也能作侧面的监视。征之西方现代国家之经验,如此政府大规模的举措,才有民间组织作第二线、第三线的支持,成为一种健全的机构。宋朝最前进的部门如货币及物资之流通,已有此需要。但是其落后的部门,如以小自耕农作生产的基础,衙前及胥吏的知识与能力,游民及失业者之维持,又谈不上追求这样的效率。**如此上端的人力资财愈积愈大,中层的服务愈为松懈空洞,终演成一个数目字上的膨胀,其症结是不能在数目字上管理。传统儒家与法家的争执不能暴露此问题之真相,其情节特殊,也是中外历史所仅见。**

传统的官僚主义,真理既由上至下,皇帝的命令既为"圣旨",则实际上征兵抽税的权力毫无限制。《宋史》"食货志"里说及"既以绢折钱,又以钱折麦,以钱较绢,钱倍于绢;以钱较麦,麦倍于钱。辗转增加,民无所诉"。就表现缺乏独立的司法机构,税收权力无限制,其成算纯靠上端向下端加压力。政府经商,财政部门的商业化,更无从合法合理。"食货志"又云:"自熙宁以来(神宗用王安石的时代),和籴入中之外,又有坐仓、博籴、结籴、俵籴、兑籴、寄籴、括籴、劝籴、均籴等名。"如此其立法也缺乏系统,全根据一时一地的需要,甚至其立法权尚可以落入地方官及军人掌握之中,宋朝开国时用募兵制,但是至神宗行保甲,征弓箭手(当日"弓箭社"是华北民间自卫的组织），责义勇上番，已兼用征兵。"兵志"里也说及甚至神宗赵顼自己就觉得不妥。他曾提出府兵应与租庸调"相须"。亦即是要征兵，则要坚持小自耕农的经济体制，计户口抽税，以低税率实物征取（这也是当初辽及金的原则）。所以司马光就说："今既赋敛农民粟帛以给正军，又借其身以为军，是一家而给二家之事也"，也是同一论调。以后迫于需要，只好重复并用。连皇帝也妥协地说出："须豫立定条法，不要宣布，以渐推行可也。"这也是兵员与税额即民间义务由上级指示增加，其下层组织，更缺乏条理的明证。

官僚主义的办法，既无客观的条件考成，只有向下级一体追究责任，于是强迫臣僚谎报掩饰。一般情形向军政机构报兵少，以减轻责任，向财政机构报兵多，以争取粮饷，校阅时则请人替代。至此"西路既已冒受厚赏，于是东路宪司前后论列，诞谩滋甚"。甚至"兵数十万者，虚数也"。"食货志"里就提出早在神宗之前，谏官范镇已上疏，揭露"今中书主民，枢密主兵，三司主财，各不相知"。宋朝的冗官尚可以一眼看出，如"留后观察下及遥郡刺史多至数千员"，显然的没有这样多的官位，容纳如许的人员。但是军队的"冗兵"，就不容易查察。加以募闾里恶少为奇兵，正军反担任后勤的工作，更无法追究。"靖康耻"之前夕，山东的臣僚指出梁扬祖在山东所报民兵"所奏二十四万与十一万，殆虚有名"。童贯手下的"河北将兵，十无一二，往往多招阙额，以其封桩（预算下的节省）为上供之用。"如是北宋时造成一种离奇的现象：各府库所蓄皆为"聚敛"，民间反有"钱荒"。**政府铸钱造币原为信用的筹码，其税收既无限制，行政效率又专恃政**

治压力，则整个的违反了金融经济的原则，只逼着自己的信用筹码，回到自己的府库，既通货膨胀又通货紧缩。全汉升研究北宋汴京的商业，一般进多出少，其收支不平衡，就靠官员的放债收租以及政府的随从（hangers-on）如生员术士游客的生活费抵偿，严格说来，也是用税收支持一个大规模的消费市场，在物价高涨的情形下，对全般的经济害多利少。

因之军队的兵员素质、士气及战斗力都只有每下愈况。宋太祖曾以"样兵"作标准，责成各镇供给中央的禁军，后来代以木棍。至1035年发饷还以兵士的身材分等级。以后就缺乏这样的选择性，以难民为兵，以囚徒为兵，在兵士的面上黥字臂上刺字以防止逃亡的事情都已发生。其人员的素质既如是，器械也是滥竽充数。1073年神宗设军器监，原望提高并标准化兵器质量。其所制"神臂弓"，实为强弩（Cross-bow），以两种木材并合制成，弩弦也用丝麻兼用，据说对付骑兵有实效。但是各方请样件，军器监就说运输不便只以样图交付算数。

我们不能说宋朝的军威不振全是官僚主义作祟，如宋都汴京，对山西的山地没有有效的控制，北方的防御失去地利之效。辽以两元统制，金以猛安户及谋克户（女真人之地方首长）与汉人杂居，兼有游牧民族及农业生产之长，都是以前匈奴突厥之所无。《辽史》"食货志"称"马羊不许入宋"，虽不能完全禁止，但是张择端所作的《清明上河图》即画出汴京的大车以水牛骈拉。显然的宋军马匹之供用，已受限制。并且赵宋强迫作战区域的人民南迁，放弃的地带则为"禁地",南方的税收也高,在靖康之前,已有方腊宋江的反叛。这也都是不能鼓舞士气,笼络人心,无法发扬民族精神的原因。然则综合各种因素,我们仍认为政府组织与作风最妨碍军事机构发生力量。反到北宋南宋之交,情况混乱,各处盗贼与独立自主的军队不可区分,倒出现了能战的将领如岳飞及韩世忠。他们不受官僚主义的羁绊,以战养战,才彻底发生力量。也因为如此他们终为秦桧所不能容。

这种官僚主义为一种历史的产物,简单说来,也是一种**以小自耕农为主体的政治组织,缺乏适应性去掌握一种多元的而经常成长改变的城市经济**。不仅赵宋如是,以后契丹与女真也蹈此覆辙。陈述研究前者,盛称辽之"封建因素成长"。陶晋生研究后者,则称金南进之后女真民族腐化其衰弱的情形与北宋相似。**其实两者之间最显明的趋势则是一种极单简的中央极权体制无法支配一个逐渐带近代型的经济**。怪不得《辽史》食货志说及"及至末年经费浩穰,鼓铸如旧,国用不给"。而金的记录更低一筹。彭信威的研究,其通货膨胀达六千万倍。

贾似道买公田

《宋史》"奸臣传"一共四章，列举奸臣十五人，又包括他们的子弟等七人，一共二十二人。内中既有行新法的蔡确、章惇，也有怂恿徽宗挥霍的蔡京，和李纲为难的黄潜善和汪伯彦，置岳飞于死地的秦桧，一意北伐的韩侂胄。而以南宋覆亡前夕以太师平章军国重事兼都督的贾似道殿后。我们今日重新检阅他们的事迹，很难证实各人的"忠奸"，确如作史者之所论列。但是以上十五人为当时人及作史者认为是舆论之所不容，则是事实。而且将他们摆在一朝国史之后。显然的已认为朝代之覆亡，应由这些奸臣负道义上的责任。

贾似道，"少落魄，为游博，不事操行"，已具备了传统坏人的典型。并且他的姊姊贾妃有宠于理宗赵昀，又是靠裙带关系升官。后来就入相出将，成为了一代权臣。他个人爱声色，年轻时常在西湖上张灯作宴，晚年尚起楼阁亭榭与诸妾斗蟋蟀为戏。他在国事上最重大的失策起于1259年。当时他以右丞相兼枢密使的身份到汉阳指挥军事。他密遣使向敌方以皇弟身份攻鄂州的忽必烈求和，答应南宋皇帝称臣纳币。忽必烈起先不允。恰巧那年秋天蒙古主后来称宪宗的蒙哥去世，忽必烈要回本国争皇位，才仓皇许之。等到蒙古兵北撤，贾似道虚张大捷，回朝进少师，封公爵。明年忽必烈称帝建元中统，派人向南宋征岁币，来使反被贾似道拘禁。兹后忽必烈再也不接受南宋乞和的要求。

可是贾似道也真有粉饰太平的本领,于是又十多年。1264年度宗赵禥嗣位,这已经是一个三岁不到的小皇帝。贾似道以三朝元老的身份上表出师。1275年的春天,元军(1271年蒙古才称元朝)已取得长江中游,伯颜的大军已向下游进逼,贾似道自己的女婿范文虎也在安庆降元(此人后来率宋军参加忽必烈之征日本),他还整备船舰向芜湖进出,可是他向伯颜求和既被拒绝,江上大军又不战而溃,于是只好遁居扬州。这时候临安的朝廷已是朝不保夕,臣下纷纷请诛杀贾似道谢罪,执政的谢太后才将他贬官为高州团练使。**传统政治里的贬官逐放,常埋伏着狱禁之中暗杀的动机。**本来写贾似道传记的作者,很可以"至漳州故"结束。只因为贾似道是一个如此的奸臣,倒要写出来私自将他处死的乃是志愿械送他的县尉郑虎臣。此人能在青史留名,也表彰一奸一忠,彼此为千古读史者所传诵。

替奸臣说公道话,不是本书的目的,即暴露传统政治中道德的真相,也不是今日我们重新检讨历史之主题的所在。我们提出贾似道的一段故事,乃是此中包涵了中国财政史和经济史里一段重要的环节,不能为贾个人的行为操守嗜好及生死所能概括。

从各种迹象看来,传统中国的物质文明,至宋朝已达到极高峰。张择端的《清明上河图》,作于北宋覆亡之前夕。从图上看来,当日汴京商业发展的情形和中等以上人户的生活程度,以至房舍建筑舟车桥梁较之20世纪之中国任何内地的都会,并无逊色。即以船舶之来往,货物之上卸,各种匠铺之作业情形,至少也可能与当日西欧之任何城市相埒。而一个半世纪之后马哥孛罗在南宋覆亡之后三十二年内抵达当日之临安,今日之杭州(宋人称为"行在",马哥孛罗则译为Quinsai)。他曾说:"毫无疑问的,Quinsai是世界上最优美和最高贵的城市。"杭州的街道宽敞,有运河交通,又有石砌的沟渠排水,已经给这威尼斯(也是当日世界上第一流城市)的观光者以良好的印象。而他赞不离口的则是中国的富庶表现于数量之庞大。不仅都会里市廛栉比,而且乡间里也有无数的市镇,为欧洲所无。

马哥孛罗的叙述,有煽动性,一般读者怀疑他的浮夸。可是最近法国学者Jacques Gernet将他的回忆和同时的中国文献如《都城纪胜》、《梦粱录》和《武林旧事》比较,又发觉其中很多细节,可以彼此印证。他整理后,所缀成的13世纪杭州,确是生动活跃、富丽繁华。迄至今朝我们还能查悉当日通衢街道桥梁的名称,和巷弄里发售最优等纸扇的店铺之所在。杭州的人口,由12世纪初年不到二十万逐渐增加,突破百万大关。而当日欧洲最大的城市,能有人口数万,已经不得了。所以Gernet发问:当日中国是世界上最富裕和最前进的国家,即算南宋只保存半壁河山,仍有人口六千万,占地有今日法国面积之四倍,文化已到达最光辉的阶段,何以遭蒙古人的侵犯而会在历史上表现一种剧烈的挫折?

而其实Adam Smith著《原富》,距今已逾二百年。他作书时也去马哥孛罗赞美中国时约五百年。《原富》就已提出中国虽然在500年前出人头地,兹后就无从继续其优势。Smith并没有讲出当中的原因，只是他已经指出中国的法制，必有阻碍人民继续增加财富的症结之所在。

我们今日提出贾似道的故事，即是指出这症结由于传统中国的官僚制度，着重于掌握大量的农民，缺乏现代组织与技术的能力，尤缺乏适当的意识形态去主持商业化的财政。上述两章已就北宋的情形，逐渐提及。南宋末年，财政与税收已到山穷水尽的地步。不仅杭州市内的繁荣于国事无补，即长江三角洲里的农业财富也无法动员。贾似道之犯众怒，并不是单独的由于他合计敌情错误，也不是因为他骄奢淫逸，而大部是由于他在理宗赵昀的最后两年，倡议"买公田"，等于没收一部分富人的资产去充军食。并且又由他主持发行最后一次的信用货币，引起物价再度上涨。《宋史》"奸臣传"说到最后与他同有元老名望的王钥向临朝称制的谢太后责他应死，称："缙绅草茅不知几疏，陛下皆抑之而不行。"可见得在野人士包括中等以上的门户都已痛恨他入骨。

要提到这事态之背景，我们又要从康王赵构南渡做皇帝说起。

赵构之成为日后的高宗，初时并没有法制或公意的支持。他原应到金军里去为人质，只因父兄被掳，才自立为帝。除了哲宗遗孀所谓元祐皇后孟氏的承认外，他的帝业并没有任何合法的根据，在南方也没有权臣拥戴。他手下人既主战主和不定，他自己也无钱无兵，这也可以认为是宋朝过度中央集权的后果。所以他刚从扬州巡幸回杭州，即有担任宫卫警戒的军官叛变，逼他退位，而立他刚一岁多的小儿子为帝。等到韩世忠勤王,他才能复辟。并且喘息未定,又被金人追逐得觅海舟逃命,直到公元1135年在临安建太庙,才算替南宋立都。当日南方各省也都在叛兵剧盗的手里,高宗的军队大都由这些部队改编,当时戡乱及求和扰攘约十余年之久。因之**南宋自始就没有一个机会将财政税收重新组织得合理化。**

《宋史》"食货志"内中提出的"经制钱"、"总制钱"、"月桩钱"和"板帐钱"为历史教科书前后提及。其实这只代表朝代草创时筹款的办法。一般从既有的税额,增派附加。初时为千文增二十三文,以后增至五十六文。又全面征收官厅办事的手续费,与赃罚并在一起。再指令各地方政府向附近驻军提出定期的供应,"每月桩发"。这些名目给南宋政府一个立足的机会,却不是财政史内重点之所在。至李心传作《建炎以来朝野杂记》的时候,已是13世纪,也是南宋的末叶。他还提及北宋初年,东南只向汴京每年供应二百万缗。到他的时候,四川不计,东南的经制钱和总制钱已共达一千四百四十万。可是他没有指出的则是南宋政府初期曾出卖公地,以后则靠印行纸币,及向民间强买物资(和籴)维持,迄至最后,一千万缗只能买米一万多石,而政府也无从以税收及专利于盐酒矾茶平衡其开支。

南宋的纸币已经全汉升详细研究。即以会子(尚有川引、湖会和淮交分别行使于其他地区)而言,大概从高宗后一百年(公元1163—1263年)流通量增加32.5倍。但是会子原应三年一"界",届期以旧币换新币,其中有以二换一和以五换一的情事,所以其贬值也应当积累的计算。可是有时政府也出卖金银使法币回笼,有时又新旧两界同时使用,所以其法定价值亦无法计算。从全氏提供的资料看来,则在南宋初年米一石值三缗为常情,一百年之后有提到三百四十缗,七百缗及一千缗一石的文字,其货币贬值已超过三百倍。我们今日经过货币恶性膨胀的经验之人士或者不会对这情况认为是了不得,但是在中世纪市场狭小,交通壅塞的条件下,则已是一个极端的威胁。米一石要值钱一百万,就足够骇人听闻。况且货币贬值,等于变相加税,其负担常转嫁于贫民。政府既捉襟见肘,对应支付的项目也只有克扣。全汉升就指出一个例子:1235年有一个朝官辞督视军马的差遣,他指出的原因即是货币贬值,军费短绌,因之督视与不督视,其情形已不言而喻。《宋史》"兵志"里提到募兵,又有这样的一段:"所司莫能体上意,执民为兵,或甘言诳诱,或诈言贾舟,候负贩者群至辄载之去;或购航船人,全船疾趋所隶;或令军妇冶容诱于路,尽涅刺之。由是野无耕人,途无商旅,往往聚丁壮数十,而后敢入市。"这段文字作于朝代覆亡之前夕,作者还说"官降钱甚优厚",读者可以根据前后情形推断通货膨胀的一般后果。

贾似道买田的方案行于1263年,去高宗退位为太上皇整一百年,距元军入临安也还有十三年。买田的地区限于平江(苏州)到嘉兴的六郡,也就是今日江浙间长江三角洲最富庶的地区。所买的田地为每户二百亩之外的三分之一(即八百亩须卖官二百亩,一千四百亩须卖四百亩)。付价根据一个复杂的公式以纸币杂以金银僧道度牒(可免税也可转卖)及告身(荣誉头衔的文凭)。买田的目的则是免除以后之造楮(即纸币)与和籴,预计所收租已能解决当日的财政问题。贾似道以他自己家产一万亩先倡。其执行的成果,经过无数的抨议。今日只有周密所著的《齐东野语》内载的一段,使我们知道这是一个非常宏大的计划以一段极短的时间施行(半年之后即已买进三百五十万亩)。技术上最大的困难,尚不只于买田,而是买得这些田土之后,官僚机构无确切的办法掌握管理,以坐收成果。一到贾似道倒台,各方已有退还原主的要求。也有人建议就将官田赏与佃农而向他们征兵。

但是这些官田始终没有退回,元朝即以之作赏赐功臣皇室之用。甚至再一百年后,朱明王朝也没有对之作合理的处理,仍成为日后苏松地区的官田与重赋问题,见于顾炎武之《日知录》,也见于今人周良霄所作论文。

有了北宋与南宋两重经验,我们就知道当一个农业国家的行政系统发展成熟,尚不能充分管理及发挥其所辖的经济方面最前进部门之功效的时候,只有改用商业管制的办法,才有出路。此时政府的功能渐趋繁复,引用特殊技能的需要增高,其经费也必须扩充。因其超过旧式农业的范畴,也不能以现有税收对付,又只好发行公债,因之则引起代议政治司法独立和其他跟随着一串的组织与运动。

征之先进国家的成例,这种发展必待市民经济成熟,其组织结构能产生领导力量,成为政治的重心,才有可能。以欧洲的事例言之,这也就是资本主义的抬头。所以法国历史家 Fernand Braudel 曾说:"资本主义之成功在它与国家串通一气(becomes identified with the state），它本身即成为国家。"中国在20世纪尚未达到这阶段，遑论13世纪之南宋。至于旧式官僚机构，又与所掌握的农村缺乏经济上严密的联系（有如封建或feudal）则很难确切地掌握其资源。最近英国历史家之研究，则发现都铎王朝及斯图亚特（Stuart）王朝时封建业已崩溃，资本主义尚未登场，皇室以一种官僚机构管理地产，发生无数的技术问题，也不是贪污无能四字所可概括。如此贾似道身死家毁，已不置论，将他认作南宋覆亡的主因，则又是以道德的名义简化历史。

今日我们重新检讨这段历史，其本身不足以使中国人扬眉吐气，但是也不应当令人感到颓丧。我们要记着蒙古人于1279年灭宋，可是不出百年，元顺帝在徐达兵临城下时，集三宫妃嫔奔漠北，成为一个被驱逐出境的朝代，也是以前史迹之所无。只是有了这些经验，明太祖朱元璋才拼命复古。他的财政税收政策，都以经济上最落后的部门为基础，和赵宋立国的精神大相径庭。这和我在"开场白"所说的今日中国已是"雨过天青"还有一段很长的距离，不过这些环节都能够前后连贯。如果我们以这种眼光读史，则更能体会中国大历史的特点。贾似道也是其中重要环节之一，非穷究则难能了解历史中的纵深和曲折，因之也难看透中国历史长期的合理性。

道学家

1279年元军与南宋的残余舰队海战于广东新会南之厓山。最后元军合围，宋左丞相陆秀夫负着他所立的帝昺——一个七岁的孩子——赴海死，宋亡。这不仅是一个令很多孤臣孽子痛哭流涕的日子，这划时代的1279年也给中国文化史上留下了伤心的一页。一般讲来中国都市物质文化在宋朝时达到突飞猛进的最高潮，兹后就再没有表现这种杰出的姿态。在科技方面讲，中国的拱桥、建筑之用托架、造船之用舱壁以造成不透水的船舱、航海之用指南针、踏水轮之船舰、火药、三弓床弩、占仪、水钟和深度钻地的技术，而极可能的炼钢炉及水力纺织机都已出现于宋代（后二者之图片，见于1313年之《农书》，去宋亡只三十四年）。抚今追昔，我觉得胡适所译拜伦之《哀希腊歌》两句，很相近的表达了我们对赵宋王朝的一种类似的情绪。此即是：

> 我徘徊以忧伤兮，哀旧烈之无余！

为什么这一般好形势，不能继续？我们不能将责任完全推在少数民族身上去。辽、金、元战时对中国的破坏，程度不深。战争一停止，他们也致力建设。如果说他们没有打开局面，则在他们后面明清两朝也不能保持唐宋以来的高度进展。

这样一个庞大的问题，本身已抽象，当然各有诸子百家的解释。譬如英国的汉学家 Mark Elvin 就认为传统中国农业生产，在技术上原有很多可以增进的地方，但是到了某种程度之后，劳动力投入多，而增进的成果不成比例地上升，到后来劳力增加，收获只供食用，同时中国的经济过于庞大，也不容易作质量上的改进。这样的解释，不能说他不对，可是很难令人相信这已经全部解答了这一个庞大的问题。

我的解释也只能跟随着本书纵谈大历史的立场，提出和前后文衔接的两个大因素。一是中国财政无法商业化，因之传统社会，不能进入以商业法制管理的阶段。另一则是思想上的内向，以理学或称道学为指针，先造成一种收敛性的社会风气，这两者互为因果，也都在北宋末年开始显示登场。

关于财政不容商业化，已在"王安石变法"一章论及。其最重要的关键，还是官僚政治，无从个别的而且确切的保障私人财产权益。其背景则是以大量小自耕农作当兵纳税的体制不能废除，中层缺乏有效的联系。既无财力遍设法庭，也不容各地地方习惯自创系统，同时小民也不能聘用律师。如是司法与行政不分，县级官僚万能，他们所能掌握的也是简陋的刑法。政府管制之所不及，则靠宗法社会的家族首长支撑。不仅宋朝如此，明朝16世纪的好官海瑞尚在他的文集里明写出："凡讼之可疑者，与其屈兄，宁屈其弟；与其屈叔伯，宁屈其侄。"这样一个法官，尚未开堂审案，就已将他自己的偏见明白写出，也只能在中国出现。其结果则是真理与威权，全是由上至下。负担最重的人们，也是最无力负担的人们。而且这种体制，也靠均一雷同的环境做主：一有变态则毛病与问题更不可爬梳。前面我们已经检讨过宋朝的折税与和籴产生"以钱较绢，钱倍于绢；以钱较麦，麦倍于钱"的情形。传统中国又从未开设商业特别的法庭，商业资本不可能在这种环境里继续积累。因其缺乏组织与结构的纵深，商业也只能大体保持原始的农村内的企业形态。

于是相对于现代西方社会的长处有如经济多元化，中国则以普遍的种米麦备饥荒为着眼。长期如此，其生活程度不能增高，也无普遍的制造高级商品之可能。工资既无法增高，也无发明节省劳力的机械之必要。这种种原因，限制高度的分工。最后担任科技之设计者一般为匠役，而不是有学识的专家。

我这一段仍在谈宋史，更要着重理学之兴起。可是刚一扯上这题目，中外学者都认为这属于哲理分析的课程，很少人注重它是一种历史产物。

宋元理学，原称道学，《宋史》即有"道学传"。但是道学这一名词为时人取用，似在南宋。1183年吏部尚书郑丙上疏，提及"近世士大夫有所谓道学者，欺世盗名，不宜信用"。监察御史陈贾也对孝宗赵眘说及："臣伏见近世士大夫有所谓道学者，其说以谨独为能，以践履为高，以正心诚意克己复礼为事，若此之类皆学者所共学也，而其徒乃谓己独能之。"他们攻击得最严苛的对象，乃是朱熹。

然而朱熹继承北宋程颐之学。"道学传"就说："迄宋南渡，新安朱熹得程氏正传。"而程氏兄弟又曾向周敦颐受学，周敦颐所作的《太极图说》则间接的得自五代至北宋初年的一位神秘人物，世称"华山道士"的陈抟。所以以上诸人,而更有张载,因为他也极端的崇仰二程,都受有陈抟的影响。《宋史》"隐逸传"则说及"抟好读易,手不释卷"。所以理学以儒为表,以释道为里,在正心诚意之间加上了一段神秘的色彩,又归根于一种宇宙一元论,更提倡有一则有二,有阴则有阳,有正即有邪,都与这受学的源流有关。

朱熹是一个容易惹是非的人物。《朱子大全》里面有很多他自己做地方官的文件,里面看出他为人精细,处置事件也有条理,所以孝宗曾说"朱熹政事却有可观"。可是他一列于庙堂,就品评是非。朱熹初年秉承他父亲的遗志,主张拒绝向金言和。后来他却反对韩侂胄的北伐。可是他又不像孟子一样的说"此一时也彼一时也";而标榜"言规恢于绍兴之间(1162年前)者为正;言规恢于乾道以后(1173年)为邪",这已经将一个技术问题当作一个道德问题。他在1188年谏孝宗:"陛下即位二十七年,因循荏苒,无尺寸之效可以仰酬圣志。"这已经相当唐突。而他接着又解释皇帝之无成就乃是修养的功夫不够。"无乃燕闲蠖濩之中(退朝无事的暇时),虚明应物之地(心灵与外界接触时),天理有所未纯,人欲有所未尽"。以致"一念之顷公私邪正是非得失之机,交战于其中"。他的建议则是:"愿自今以往,一念之顷,必谨而察之,此天理耶?人欲耶?"

这段文字充分地表现着一般理学主静主敬的态度,也强调着个人心情凝静时,在思想与行动"将发未发"之际,不可错过机缘立即求善的重要。其宗旨与周敦颐所说"寂然不动者诚也,感而遂通者神也"接近。这类似宗教经验的虔诚感应,在朱子看来,与《大学》所说的"正心诚意"可以融会贯通；也和孟子所谓"养气"互相发挥。但是朱熹不以为这种方法出自个人经验；他也不以之对皇帝作私人的忠告；而认为这是天经地义，为天子及以下所有读书做官的人必所遵循。

12世纪至13世纪之交，中国面临着一段艰苦的局面：一个庞大而没有特长的官僚机构，无从掌握一个日趋繁复而多变动的社会，在全面动员长期预算膨胀下，南宋已经险象环生。而以财政上之紊乱为尤著。朱熹指出这些弱点非不真切。同时他做地方官的记录，也证明环境需要他破除成规，以便对专门问题，找到合适的解决。他不强调这些技术上的因素，而偏在半神学半哲学的领域里做文章，因此产生很多不良的影响。

周密说到宋亡前夕，一般崇拜道学的人物之作风："其徒有假其名以欺世者，真可以嘘枯吹生。凡治财赋者则目为聚敛；开阃扞边者则为麤材；读书作文者则为玩物丧志，留心政事者则为俗吏。其所读止四书、近思录、通书、太极图说、东西铭、语录之类。"这些人的功业则是"其为太守为监司必须建立书院立诸贤之祠，或刊注四书衍辑语录。……稍有议及其党，必挤之为小人。"最后则"其后至淳祐间（度宗咸淳，恭帝德祐，包括元军入临安前十年）每见所谓达官朝士者，必愦愦冬烘，弊衣菲食，高巾破履，人望之知为道学君子也。"

又加以传统政治制度的设计，采取间架性，真理由上而下，皇帝的面目为"天颜"，他的命令则为"圣旨"。朱熹之所提出，事关整个儒家经典所综合之枢纽。既见于他的奏疏，也闻于他主讲的经筵（皇帝座前的读释经史）。朝廷无法等闲视之。要不是全部支持它，就要全部否定它，因之也给朋党斗争留下了一种工具。朱子历仕高宗赵构、孝宗赵昚、光宗赵惇和宁宗赵扩四朝。每朝之间他都产生了大小的纠纷，要不是得罪皇帝，就是冒渎重臣。所以他被召之后又外派，刚作殿前文学之臣又作宫观的主持人。最后他在宁宗朝得罪韩侂胄，落职罢祠，于1200年逝世。道学也一度被赵宋政府斥为"伪学"。可是1224年赵昀继宁宗为帝，是为日后之理宗。韩侂胄已早死，理宗自己又崇拜朱熹的著作，他曾说："恨不与之同时。"于是追赠朱熹太师，又和周敦颐二程张载同从祀孔子庙。兹后朱熹所注的四书，也为历代开科取士的标准，他也可以说是继儒家的正统。

理学迭经现代学者研钻。周程朱张的学说出入于形而上和形而下，而以张载所谓太虚无形，气有聚散，朱熹综合前人学说，阐扬气与理之构成各物最为中外学者称道。因为所叙牵涉哲学，也近于各个人的人生观，我们不能遽尔的说它对与不对。而且它在好几个世纪使中国大多数学人相信儒家的伦理观念不仅有自然法规（natural law）的支持，而且本身就是自然法规，我们不能不赞赏它力量之庞大。可是我们在20世纪末期，正在清算传统的政治设计，亦即一种认为法制与经济的体系，必先以抽象的公式造成，由上层机构赋予下层的办法，不能不对和这种设计互为表里的思想系统彻底批判。

理学或道学将伦理之理与物理之理、心理之理混为一体，在1200年前后仍与欧洲思想界不分轩轾。可是欧洲在1600年前后已将有关于伦理之理与物理之理划分清楚（此亦即 Joseph Needham 所谓 natural law 与 law of nature 不同），而在中国则二者依然混同。以朱熹作总代表的理学或道学不承认宇宙间各种事物有他们力所不能及，无从解释的地方。冯友兰之《中国哲学史》内 11 章至 13 章，摘录以上诸人语录 198 则，每则都出于肯定的口气，似乎人类应有的知识，都在他们确切掌握之中。这种态度无疑的已受当日皇权万能的影响（参阅"何以改革者又是书呆子"一章），即此一点已与科学精神背驰。如是理学家或道学家所谈及的很多事物（抽象之事与具体之物混为一谈），只能美术化的彼此印证，不能用数目字证明。其结果则有如 Needham 之所说，朱熹在没有产生一个牛顿型的宇宙观之前，先已产生了一个爱因斯坦型的宇宙观。

（在这里我们也可以推广 Francis Bacon 所说认为现代科学实为不断的怀疑 persistent disbelief 之成果。）

而本书曾指出中国的第二帝国（隋唐宋）表现一种开放性格，第三帝国（明清）表现一种收敛性，同时文化的风尚，已开始内向，其实后者思想上的根据，已在理学或道学肇始。

周敦颐曾在北宋神宗时代作中下级地方官，与吕公著、赵抃接近，又受他们推荐。二程兄弟都曾任朝列，程颢与王安石口头冲突而被逐。程颐与苏轼不合而被流窜，死后被夺官。张载也先得罪王安石，后又与有司议礼不合以疾归。朱熹之不见容于南宋朝廷，已如上述。即与他同时的陆九渊（时人不以为他是道学家，在《宋史》里他的传记独载于"儒林传"），也因事被给事中所劾。骤看起来，他们的思想应当在政治上代表一种在野派（opposition party）的倾向，可能掀动一段新思潮。可是实际正因为赵宋在政治经济与法制之间找不到一个具体的方案,打开出路,这些思想界的领导人物才反而求诸己,希望增强道德。如他们之所谓主静、主敬、慎独,以及上述"一念之顷,必谨而察之",都不外传统"克己复礼"之方式,首先则内向,次之则以他们注释的经典为万能,于是造成一种正统的风气。即朱子之道学问,仍不外以外界的事物,"证明"他自己过去诵习诗书的信念并无追求真理之决心,与陆九渊所谓"六经注我,我注六经"并无实质上的区别。他们虽崇奉孔孟,但是孔孟,尤其是孔子注重身体力行,并没有将他们的言行造成一种思想上的系统,认为这是一切真理的渊薮等情事。

周程朱张的学术思想,长于纪律,短于创造性。因其目的则是韩愈所提倡的"卫道",所以不能不取防势。张载所说"吾道自足,何作旁求"已经表示其保守性格,程颢所害怕的也是"正路之榛芜,圣明之蔽塞",仍表示其不能采取主动。所以他们虽构成思想上的一大罗网,其中却缺乏新门径和新线索,可以供人发扬。朱熹集诸家之大成,他将人欲构成与天理相对的一个负因素,最值得注意。严格言之,则是人类的欲求(desire 或 craving)与自然法规(natural law)是对立的(他自己也知道这一点有毛病,所以他对"食色性也"一段添注:"甘食悦色固非性,而全其'天则',则食色固天理之自然,此说亦是。告子却不知有所谓'天则',但见其甘食悦色,即谓之性也。"这种解释牵强犹疑,已与他以上作说对立的观念相冲突)。我们姑不论其正确与否,将人欲与天理对立,即表示意识形态之粗线条,也还是揭橥着至善与极恶、君子与小人的分野。如此也难怪当日法制不能展开。朱熹作地方官,就执行"人子不蓄私财"的原则,这也难怪程颐于1086年差判登闻鼓院,辞不就。他的理由是:"入谈道德出领诉讼,非用人之礼。"于此已不经意的表示任司法官较讲学的为卑下,而两者也有互相冲突的可能。

我们不能认为周程朱张应对宋朝的覆亡负责,他们的思想狭义的强调君子与小人之分,抹杀个人的私利观,却替以后专制皇权加强统制的基础,其影响所及,达几百年。今日中国之民法未尽展开,仍有以道德观念代替法律的趋向,也不能与宋儒无关。

成吉思汗和忽必烈

我们教学历史的人想给初学者若干指点,使他们能看清今日中国的兴衰与过去两千多年来特殊的人物与事迹,有前后贯穿的关系,可是一提起元朝就不容易着手。刚说原始资料,则《元史》《元典章》和《元史类编》等等,已经给我们志不在作元史专家的透不出气来。此外蒙古的《黄金史》(*Altan Tobshi*)(已有汉译)也要与中国方面的资料对看。而现代学者的专题研究,尚不尽见于中英文,多数的仍为俄法德日文,也不是专家以外如我等敢于随意涉猎的域境。

过去历史教学的办法,或是强调元朝之缺乏文治,或者着重成吉思汗的武功。例如提到前说,我们常听见蒙古人以马上得天下马上治之的论调。赵翼的《廿二史札记》即有蒙古皇帝不识汉文,他们自己也由权臣推戴各条。况且他们又分全民为四等,一为蒙古,二为色目(即各色诸目,以中亚腹地突厥回纥党项各种为主),三为汉人(北方人,包括女真高丽),四为南人。还有按职业分,僧道高于官吏,儒生低于娼妓的说法。而番僧则尊为国师,理财者则又都为聚敛之臣。这样的说法不是完全不对,但是过于简化历史,过于倾向笔记资料,容易由事实而遍近传闻,终至于失诸谩骂。元朝人之种族观念,事诚有之。可是刘秉忠、姚枢、许衡以文学侍从之臣替世祖忽必烈创设典章制度,史天泽、董文炳为元朝开国打江山前后数十年,范文虎以宋朝降将征日本又失败之后仍以中书右丞商议枢密院事（行政院秘书长兼军事委员会委员），可见得汉人并未完全被歧视。即到后期汉人难于在朝中执掌大权，可是在御史台以监察官的身份纠举蒙古色目大臣，仍毫不假借，也有实效。而贺惟一做到御史大夫和左丞相也算是位极人臣（他末年不得善终是元朝朝廷的政治问题，与种族无关）。

如提到蒙古人之武功，诚然也有脍炙人口的故事。成吉思汗和他子孙征服的地区横跨欧亚，世界历史里还没有第二个如此的帝国足以望其项背。这方面固然是由于13世纪欧亚之间没有一个有力量的军事政治组织，足以号召抵御蒙古人从草原地带发动的大规模攻势；一方面也由于他铁木真的组织天才。当时蒙古的人口，不到两百万，但是分成无数的部落，动辄自相厮杀。铁木真以联婚拜盟袭击征服的不同方法将他们归并成为一个民族国家型的庞大军事机构，于1206年得到各酋领的公认，被加上一个成吉思汗的头衔，较之希特勒之为日耳曼民族的"领袖"，要早七百多年。

成吉思汗领导之下蒙古全国皆兵。他的兵制，以十为单位成百成千组成，无薪给。各部队领导官只要有能力，升迁极快，不按年资。兵士极能刻苦耐劳，马哥孛罗说："他们之能接受艰苦，世间无匹。他们能够一而再地几个月没有食物全靠牝马的乳汁和弓箭所猎取的禽兽为生。"又说："如果在特殊环境之下，他们可以一次驰骋十天不食人间烟火。"如果我们觉得这段文字夸大的话，则《元史》"太祖本纪"里记另一酋长的故事，也有"中道粮绝，挏羊乳为饮，刺橐驼血为食"的叙述。通常情形之下蒙古部队无大小行李，兵士只带皮囊盛水,也利用之为渡河的浮囊。他们能在马背上假眠,必要时昼夜行军,环境许可就换马继续前进。

这样的兵员组成的部队,骑术又是他们日常生活的一部分,再加以严格的军事纪律,更因为当日科技尚没有产生应付骑兵以密集队形冲锋陷阵的对策,也就难怪成吉思汗兵威所至,锐不可当了。他们惯用高速度进军,以数纵队协调的战术将敌方包围。如果敌方坚强抵抗则开始佯退,而乘敌方行动警戒疏忽的时候反攻。成吉思汗不盲目的施行残暴政策,但是他在攻城战之后不惜烧杀以为兹后借着城垣抵抗的敌人作鉴戒,有时极度的残忍。他也利用"第五纵队"在敌后散放谣言,并且驱送难民于敌境,使他们先造成恐怖的空气。但是一到常态恢复,所有残暴手段立时停止,士兵有犯者处以死刑。

这个13世纪的征服者不着眼于奢侈品物,不留恋于豪华的生活,所以他能够终其生以征伐为能事。成吉思汗的动机使后人不易猜测。西方的书籍一致传说他曾对人称:"人生最大的快慰在于战胜,在克服敌人,在追逐他们,在夺取他们的资产,使他们所爱者哭泣,骑他们的马,搂抱他们的妻女。"可是这种恣意的态度与他严格的纪律能放能收的御下办法很难并存,也和他建立四个汗国的宗旨相违,中国方面的资料无此种记载。

成吉思汗首征西夏次攻占燕京之后,移麾西向灭西辽,再进兵陷花剌子模(Khorezm)(一个突厥人种的王国,在今日苏联属下的中亚),他自己曾到印度河上游。他的王子及将领进出于里海以西及高加索山以北,已经将战事带到欧洲。可是成吉思汗席卷河北、山东及山西北部，并没有消灭迁都于汴京（开封）之金。《元史》说他临死时遗言假道于宋以伐金。他在1227年再度攻西夏时身故。

他去世之后他的子孙灭金，进兵于伏耳加河，毁莫斯科城，占领基辅（Kiev，乌克兰首都），侵入波兰、德国东部、匈牙利。正要向西欧发展的时候，1241年年终大可汗窝阔台在蒙古去世，根据成吉思汗的家法，他的子孙都要东返选举继任的大可汗。西欧于是才松一口气。而蒙古人之西侵也在1241年达到最高潮，以后再未卷土重来，当时认为奇迹。现在从各种迹象看来，则是蒙古人发展过快，占地过广，成吉思汗的子孙繁衍过盛，他们的大帝国无法固定的统一，各汗国也受本地风俗习惯政治经济力量的影响。各王子与军官已经失去无目的的不断征伐之兴趣。

可是我们讲到这里，也会遇到技术上不少的困难。以上到底是中国史还是世界史？抑还是中国史与世界史上相衔接的一部分？成吉思汗虽然采用辽裔金臣耶律楚材的劝阻，没有将华北"悉空其人以为牧地"，他到底没有对中原的文物感到兴趣，燕京则被他破坏。即算今日我们应当尊重少数民族对历史的贡献，也到底有限度。我们是否能把这样一个草莽间的人物以征伐为能事，又曾未履中土，当作民族英雄看待？

铁木真或成吉思汗之为元太祖，只因为他孙子忽必烈在中国开创了一个元朝，是为日后的世祖。他也尊奉祖父为"圣武皇帝"，又直到建立太庙之后，才援例称成吉思汗为太祖。可是《元史》的作者，就索性把他写成一个中国史创业之主。以"夜梦白光自天窗中人"形容他母系祖先之怀妊，也用"功德日盛"、"有人君之度"的形容词，修正了他的个人性格。此外成吉思汗所立家法，称为 yasa 也音译为 jasagh。波斯的史官曾说这法律"涉及任何情况，在每一种情形之下，都有处置的条例"。《元史》虽提及"扎撒"，始终没有解释是为何物，倒又盛称"至元新格"和"风宪宏纲"等中国式的法律。成吉思汗又制定大可汗不仅是东方之主，也是西方三个汗国（即在中亚之察克台汗国，波斯之伊儿汗国，和俄罗斯之金帐汗）的元首，其产生由皇室会议之称"忽烈而台"（Khuriltai）者选举，《元史》也未说及。1260 年忽必烈在开平即帝位，显系违反家法，因为当日皇室会议已公推他的胞弟阿里不哥（Arik-buga）为大可汗，兹后兄弟还用兵四年之久，而《元史》里面的"世祖本纪"只描画上一段"诸王与大臣劝进，帝三让，诸大臣固请"的传统公式。可见**得明朝人之修"元史"，崇奉忽必烈为世祖，成吉思汗为太祖，其目的仍在保持中国传统文化的完整性，甚至抹杀史实，削足就履，硬把蒙古人写为中原的汉人。**

而且今日提到成吉思汗还可产生一个现实的国际问题：蒙古人不仅分居于内外蒙古，也仍在苏联境内保持了 Buryat 和 Kalmyk 两个自治共和国。一般说来，这四个地区的人民都奉成吉思汗为民族英雄。苏联一方面好像在替外蒙撑腰，一方面却又不准许外蒙颂扬成吉思汗。美国作家 Harrison Salisbury 说："爱国的俄国人恨着成吉思汗，好像他的入侵，还是昨日情事。"还有一些苏联人骂起 13 世纪的蒙古人来，索性把 20 世纪的中国骂在一起，还憧憬着一个"黄祸"的面貌，在欧美各处宣传。其原因则是成吉思汗所建四个汗国两个在今日苏联境内，而尤以金帐汗国（Golden Horde）辖莫斯科及基辅，盘踞了这个地区近两个半世纪（1240—1480），很多苏联人不仅以为羞辱，而且因此历史的发展阻碍了俄罗斯向西方的接触，成为日后文化上落伍的一大主因。

可是本书站在今日中国局势业已明朗，在一种雨过天青的情形下讲解历史（见"开场白"及"澶渊之盟"的首段），则用不着窜改史实，也无须回避。成吉思汗的故事可以列入世界史，也可以列入中国史。如列入世界史，我们可以揣想虽在13世纪大戈壁沙漠的四周干旱的地区就已达到了当日生活方式所能供应之人口的限度，因之产生内外的不平衡，才鼓励蒙古人以他们原始而粗蛮的谋生方式向外发展。只是成吉思汗一经发动这种运动，则不知如何住手。如果这题材列入中国史，则成吉思汗的故事只是元朝登场的背景，不是其实质。

至于我们想确定元朝在中国历史里的地位，则我们所知道的粗浅知识，也能供我们勾画一个大轮廓（历史是继续不断的，专家的准备工作也永无止期，我们也不能等候材料之全备）。

从本书以上各节看来，**隋唐宋组成的第二帝国带开放性（财政税收与军备越做越大，经济也随着扩充），相对之下，明清组成的第三帝国则带收敛性**。元朝是一个短朝代，处于二者之间，只能在历史上完成一种过渡期间的任务。所以在很多地方，元朝表现其双重性格。一方面它也能继续引用现有技术上的长处，维持造船业，提倡海运，促进国际贸易，修筑经过山东高地的运河（Summit Canal），使用火器，以互相交换的方式利用中国和波斯的工程师去设计炮弩（Catapult），以驿马传递消息，加强东西文化的交流，用郭守敬和贾鲁讲求水利、测验日食、改订新历；一方面已开始显示其保守性，有如开始第三帝国之重农政策，禁蒙古人航海经商，在华北组织管理人民之"社"，将人民区分为"军户"与"民户"，注重职业之遗传，提倡道学（详本书"道学家"一章），文官考试时以"朱注"为主（朱熹所注解的经典，只有《春秋》得用左传等解释，《礼记》得用古疏注），如此都替朱明王朝的保守性奠立了基础。

要追究这双重性格的由来，我们仍要从忽必烈说起，他是元朝真正的创业之主。

成吉思汗逝世之后，大可汗为忽必烈之伯父窝阔台。窝阔台在位十三年，继位的大可汗为他的儿子贵由。贵由在位三年，后继之大可汗为忽必烈之长兄蒙哥。以上均经过"忽烈而台"的选举程序，前两次在蒙古国都卡拉科伦（Karakorum）（汉名和林）举行。最后一次虽在金帐汗国的区域举行，事后各王子贵族仍在卡拉科伦聚集，以表示其选举之合法。忽必烈不仅不依此程序，而且卡拉科伦被他永久地放弃，他日后称开平（今日内蒙古之多伦）为上都，燕京经他重建之后则为大都。皇帝每年春夏在上都，秋冬在大都，其他元朝的皇帝也都如此，为成吉思汗制度内之所无。

原来蒙哥为大可汗时，即有将南宋领域整个支解的企图。1257年蒙哥自领军入川攻重庆，皇弟忽必烈则攻鄂州（武昌），另一支军起先也由忽必烈出名统帅，实际率领者则为兀良合带（Uriangkatai），他曾于1253年由甘肃经西康入云南，当日则为南诏。忽必烈北返之后，这支军队留置南方，由兀指挥，此时也可以北上支应。如此可以将南宋西部截成数段。不料1259年军中疫疾流行，蒙哥死于合州（四川合江）城下，蒙古军将整个攻势放弃，宋朝才延长寿命十多年。

原来蒙哥的布置，以幼弟阿里不哥在国都镇摄。此人与皇室诸王权臣接近，也有西部汗国的支持。忽必烈则多年在华北主持民政，信用中国儒臣，与蒙古主流相去至远，不算能得人心。所以"忽烈而台"推阿里不哥为大可汗，忽必烈尚在开平，他就自立为帝。所称"俯徇舆情，勉登大宝"，并且以阿里不哥"反"，诏谕天下，只有在中国方面有宣传的功效，不能得到蒙古人的同情。而且蒙哥的遗孀——忽必烈自己的长嫂，尚站在阿里不哥的一边。

忽必烈的政策是南守北攻。他一面派人与南宋的贾似道接触，企图讲和，一面送高丽世子王倎回国立他为高丽王以加强侧翼，对蒙古的贵族与军人则竭力拉拢，以金帛相遗。《元史》里有赐各王及先朝皇后的文绮银两的数目，并称"自是岁以为常"。因之当日的措施，也成为日后的永久政策。

忽必烈的贬抑汉人，让蒙古色目抬头，可以说都在此时不久肇始，禁人民携带兵器，则在即帝位后宣布，他的财政税收政策尤受这北方牵制的影响。这种个人种族与国策穿拖一起的关系，迄忽必烈之余生，从未中断。阿里不哥于1264年兵败被擒，忽必烈贷幼弟一死，西部汗国有些从弟侄辈也向他表示名义上的归顺，但是侄子海都

(Kaidu)始终不承认忽必烈的地位,他在中亚纠集蒙古王子五十余人,与元军作战前后几四十年。1287年还有一个成吉思汗兄弟之四世孙叫做乃颜(Nayan)的,也与他结合,在今日中国之东北向上都东西夹攻,一时情势严重。忽必烈已年七十四,仍御驾亲征,有些将士尚从南方调来。1289年海都又犯边,皇帝又亲征。所以我们议论元世祖及元朝的创立,也要把这因素一并加入计算。

忽必烈留下的传统

蒙古人以少数民族统一中国,非多数民族之福。只是如果他们真能以"无本身利害"及"不无端干预"的立场,扫除辽金南宋以来的积弊与苛政,却也不失为在中国历史上的一种贡献。我们仔细读忽必烈的传记,无法断言他没有这样的心肠。他作的《下江南檄》就指责南宋的通货膨胀为苛政,他也曾下令,禁止买卖滥估价格,也曾将赋税降低。他之禁止军队滥杀戮,废止辽金以来的酷刑,革除了宋朝黥面的粗蛮办法,都具有改革者的作风。而且南宋以来有些地主收流民为客户,既把他们当作佃农,也把他们视为农奴买卖,忽必烈也下令禁止。马哥孛罗亲眼所及,也盛称元世祖注重农事体恤贫民储备饥荒等等善政。我们再看在他手下任要职的一批汉人的经历,也可以看出他们都有扶助明主的抱负。明太祖朱元璋对蒙古人无好感,他手制《大诰》就首先指斥"胡元制主"的不当,但是他的帝王庙,仍以元世祖的神位与他选定的其他四个帝王,即汉高祖、光武帝、唐太宗、宋太祖一起享配,他自己也到他们灵前行礼(他之崇拜这些人,并不是盲目的。他以前也享祀隋文帝,后来却又将其灵位撤去)。

但是忽必烈的志趣,不一定是他的成就;他的作为,也不一定是他留下的传统。

忽必烈登皇位后对于军事上的指挥已有重要的改变。他以军事行动为政治上的手段,不像成吉思汗一样,以为征伐的本身就是一种目的。元世祖起先南守北攻,亲自率兵包围卡拉科伦。然则即使在阿里不哥这问题解决之后,他就未曾再亲临南方的前线。攻宋以水军为主,军事也大多用汉人,船只则大部造于汴梁。他原来拟用史天泽为统帅,但是史以年老辞,改用伯颜,是因为伯颜不嗜杀人。蒙哥所用战法,至此都已放弃。忽必烈不冒险攻坚,不轻举急进,不专事破坏。他之围困襄樊,费时四年半(1268年夏迄1273年初),不到这汉水之上的重镇攻陷,他不以大部队冒险深入。在这些地方,忽必烈总表示他筹谋全局时以南方的办法对付南方;北方的办法对付北方。因之他自己也成为了一座挡箭牌,防制了蒙古人对南方荼毒。他对参知政事高达的诏谕里明指出:"使百姓安业力农,蒙古人未之知也。"即此已经很明显地表示了他自己的立场。不过他自己为蒙古人,又要保持蒙古的语言,提倡蒙古新字,不愿像拓跋宏那样的汉化(详本书"北魏拓跋氏"一章),在军事方面蒙古人的服务又不可或缺,而他在维持大可汗的地位(最少要防制一个竞争者使用如此的名号),更不得不拉拢蒙古人。他所赐"先朝皇后"以下各王子贵族的金帛,数目丰厚,终生未除,也都是这种妥协政策下的产物。关于用人一事,他在1285年谕右丞相安童:"此事汝蒙古人不知,朕左右复无汉人,可否皆朕自决。"而安童本人尚是蒙古人中较开放者,受汉人儒臣尊敬。皇帝还要如此向他开说,可见忽必烈想要巩固自己的地位,同时遂行自己的政策,经常左右为难,不如我们所想像的得意称心。马哥孛罗已经提及蒙古皇帝统治下的大多数汉人对他的种族政策不满。现在的美国作者 John Dardess 则说他用人时，按种族分为四级，实在是"超国籍"（Supranational）的办法，虽然他也有事实上的根据，这种说法不容易为中国一般的读者接受。

不过有了这些矛盾，我们即可以领略到历史上两个民族具有不同的背景，而在文化发展的过程上讲，其进度也不相同，要在同一的体制下存在，是一个非常尴尬的局面。

色目人之被引入事端之中，则因为他们大都是中亚腹地土著，如过去之苏定安种及刻下的回纥，都以经商著名，也成为蒙古人的经纪。然而游牧民族所掌握的产品无非牲口马匹皮毛。这些产品要能有利的推销于市场，纯靠专门的商人批发垫借，代他们主持。很多色目人即长期与蒙古人交往，也供应他们所需要的物品与兵器，在蒙古人占领中亚之后，很多尚成为各地的承包纳税人（tax farmer），他们也随着蒙古军事政治力量之扩张进入中土。

以上如许复杂的因素，很容易使元朝的财政税收处于不利的状态。我们还不能忘记，蒙古人在1234年才灭金，忽必烈在1260年才称帝，1271年才称他的政治组织为元朝，1276年元军才入临安，1279年才消灭了南宋最后一重抵抗，统一中国。这从华北进展到华南中间也近于半个世纪。而且我们前面讲过，金与南宋之覆灭，也都与它们的财政破产有关。所以忽必烈始终没有接收过一套有系统和有成效的财政税收组织。

严格讲来，元朝的财政税收，也就是没有组织与系统。《元史》"食货志"说："其取于内郡者，曰丁税，曰地税，此仿唐之租庸调也。其取于江南者，曰夏税，曰秋税，此仿唐之两税也。"

所说内郡即是华北，其原则即是按户或按丁抽税，同等税率，不计内部详细家资之上下。虽然其户又析为"丝银全科户"及"减半科户"等四类，后又划分为八等，其基本原则不变，即每类每等仍按一定的数额纳税，骤看起来，其税率甚高，如"包银"每户四两，后减为二两。而实际则所登记之户并非一户。董文炳为县令时即"使民众聚口而居，少为户数"。因之世祖统一全国时，登记的户数逾一千四百万。而整个长江以北不及二百万，其中约一半为"五户丝户"，他们所缴的赋税，已配给于蒙古的贵族。

然则情形尚不如是简单，Herbert Franz Schurmann 的研究，华北在元世祖忽必烈掌握之前，并无有效的中央政府，而是全民被分为很多的"封禄（appanages）"，元时称为"投下"，隶于蒙古贵族之下，中央政府成立之后，才逐渐的将财政税收集中。可是内中有很多特殊的户专对某某贵族履行种种不同的义务，迄未革除。例如朝代中期，还有贵族领有"采珠户"三万户的例子，看样子也不是真有这么多的户口采办珍珠，而是他们有集体供奉珠宝的义务。又如很多漏于登记的户口，查出后编为"淘金户"，也不是实际上强迫他们去当矿工，而是课以一种高税率的财政义务。

华南的税收则是计亩抽税，宋朝的底账在临安接收之后，都已送到北方。可是在宋朝时其数目字即已模糊。元朝除在长江三角洲一带征实物外，一般按底账纳钞。忽必烈在几年之内骤得江南，又要笼络人心，所以一般折换率都对纳税人有利。其受实惠者则为地主而非贫民，而南方人所纳赋税较北方人为低，也迭经有正义感的官员提出。

在元世祖忽必烈领导之下，有一批色目人，一再提倡"核算钱谷"。有如回纥人阿合马（Ahmed Benaketi）替世祖理财二十年，他增加新税收，核实发现隐匿，为皇帝信用，做到中书平章政事，也一手掌握宰相的实权，有派遣手下官僚到各处勘察的权力，为正规的廷臣所不满，直到他为人谋杀之后忽必烈还将凶手明正典刑。又等到阿合马个人及其手下人贪污枉法的情事为众口一辞的揭举，皇帝才命令发墓戮尸。又有汉人世荣和西番人桑哥（Sangha）也企图替忽必烈加强财政的管制，也遇到类似的命运。桑哥得意之日，各处替他立"德政碑"，后来他为众人攻击，一个近臣尚且向忽必烈进言："今百姓失业盗贼蜂起，召乱在旦夕，非亟诛之，恐为陛下忧。"元世祖才先后判两人死刑，他们的手下亲信也被惩处，连以前作桑哥德政碑的翰林也被波及。所以赵翼指斥"嗜利"的实为世祖本人，因为他"在位三十余年，几与此三人者相为始终"。《元史》的编者则把三人列入"奸臣传"内。我读中国历史尤其留心财政史几十年的经验，则觉得元朝财政税收亟应整理，同时其国家的收入也大可增加。只是在当日专制皇权之下，由二三倖臣主持，必无好结果。而这时候"天下骚然江淮尤甚"，以至"民有附郭美田，辄取为己有，内通货贿，外示威刑"，也不能说全是诬陷之辞，没有事实上的根据。不过归根结柢，这种种情形还是由于当日无法产生一个确切核实的会计制度，所以**"宽仁"则一切马虎，"务实"则下端的残虐无法遏止，很难能说得是个人的错误**，只是忽必烈是一个手段灵活的大政治家，他又亟于要在各方讨好,才不惜归罪于少数的臣下以保全自己的名誉。

这件事情也终忽必烈之世尚没有着落。1291年御史台奏言:"钩考钱谷自中统初至今余三十年(应作三十余年)更阿合马桑哥当国,设法已拯,而其余党公取贿赂,民不堪命不如罢之。"皇帝的旨意则是"议拟以闻",可是以后也没有确切的下文。

所以忽必烈遗留的一套财政机构,既不副实,也很紊乱。耗费于王公贵族之私囊内的既多,国库的收入就受影响。所以除了上述三个"奸臣"以游击战的方式增加财源外,还要靠以战时姿态于法外征集人员与物资。**中统正元间他发的钞票还不算过多,继位的皇帝就不能再保持这种纪录,终演成元末的恶性通货膨胀。这种情形也解释了元朝不能成为一个有主体性的朝代之原因,同时也留下了朱元璋必须以铁腕开创他的系统之背景。**

忽必烈的宗教政策,也经后人议论,现在看来,他不相信任何宗教掌握着绝对的真理。各种宗教都可以当作行政的工具。如果僧侣方丈修道士之流任为官吏,与他们同信条的人民就容易治理。所以他早年求"闻学才识"的读书人,也遣人在各处寻访"医、儒、僧、道"。刘秉忠已出家为僧,他又叫他还俗,给他复姓赐名,参加枢密院(一个军事机构)的会议。他在1265年接见马哥孛罗的父亲和伯父的时候,还央请他们转告教皇,派一百个天主教的长老僧侣,帮助他管理一个日形壮大的帝国。南宋覆亡时在临安降元的是幼帝赵㬎,当时五岁不到,以后定居大都,也承忽必烈照顾。当赵㬎十七岁,世祖命他到土番学佛,可惜的是我们也不知道此人的下落。

迄至晚年忽必烈改变了他对各宗教一视同仁的态度。喇嘛教的声望逐渐抬头。其实吐番喇嘛僧八思巴（Phags-pa）之尊为国师，事在中统元年（1260年），即忽必烈开始做皇帝的时候。他曾替忽必烈创制蒙文字母，得到皇帝的信用，他以后辞职回国。我们还不能确切的断定为什么喇嘛教初时并不显赫以后却越来越重要的原因。《元史》释老传说："及得西域世祖以其地广而险远、民犷而好斗，思有以因其俗而柔其人，乃郡县土番之地设官分职，而领之于帝师。"可能说是因其有实效而见重。但是攻占临安之后，儒士不能抬头，也可能有关。此时可注意的则是以前在他身边占重要地位的汉人如姚枢、许衡、史天泽、刘秉忠和董文炳都在此时前后去世，以后世祖虽说往江南揽访人才，他却再也没有延纳汉人有如款待以上诸臣者。他还再三说江南官太滥，终忽必烈之身，他未曾开科取士。元朝的吏治，吏重于官，这也经明太祖朱元璋在他的御制《大诰》中提及。

元世祖还有一段事迹，在历史之发展上相当的重要，此即是他的两次攻日本。

第一次的远征，事在1274年，当时南宋尚未完全崩溃，元军以朝鲜为基地，参加战役的蒙古及高丽兵两万五千人，用大小船八百只。他们占领沿海的几个岛屿之后于十一月廿日在九州北部之博多湾登陆。日军已在当地准备停当等候援兵。当日作战胜负未决，夜中台风来袭，联军决定撤退，一时秩序紊乱，结果淹没海中者达一万三千人。

第二次远征，事在1281年，南宋已被消灭，远征军的数量大为增加。蒙古与高丽军四万人乘船九百只,由北循第一次路线进发,南军由宋降将范文虎率领,共十万人,都系中国人。其船只三千五百艘,由舟山群岛起航,是迄至近代世界史登场以前最庞大的渡海部队。两军在九州西北角汇合。沿海的岛屿毫无抵抗的被占领,远征军就在博多湾上陆。但是在第一次战役及第二次战役之间,日本的镰仓幕府已动员在元军登陆处建筑了一座长堤,限制了上陆部队人马的活动,战事由六月延至七月,胜负未分,八月初又有台风来袭,船舶倾覆者不计其数,远征军的将领数日后乘巨舰逃回,被遗弃的士兵被日军在滩头围剿,被俘的蒙古人、汉人和高丽人不分畛域的被斩首,迄今博多湾今津及志贺岛尚有所谓"元冦冢",南人之余存者约二三万则被发配为奴。《元史》"日本传"称"盖行省官(忽必烈已预先立日本行省,其长官包括蒙古高丽汉人南人)议事不相下,故皆弃军归"。朝鲜方面的史料称丧失的兵员在一半以上。《元史》则说中国方面参加的十万人,只有三人逃归,连这三人的姓名也记入《元史》中。日本方面的资料则称蒙古的轻骑兵不能与日本装甲的士兵对比,同时中国方面的队伍士气低落。这两次战役也创造了日本人"神风"的传说。

日本人两次将忽必烈派去的使节斩首,又两次使元军远征惨败,他不得不准备第三次远征。一时中国和朝鲜的海岸忙着造船,水手被征集,海盗受招安,囚徒出狱投效,军队发遣分配。1285年冬,政府预备由长江出口米一百万石往朝鲜囤集,好像第三次攻势已箭在弦上。可是"世祖本纪"在翌年年初的记载称:"帝以日本孤远岛夷,重困民力,罢征日本,召阿八赤赴阙,仍散所顾民船。"在下这决心的时候忽必烈不能没有道义上的勇气。然则他在中国领域以外的发展，如在安南缅甸，以及最后的攻爪哇，也都没有显著的成效和结果。在这当中，我们也可以看清：**在现代社会出现之前，很难能有一个陆上强国也可以同时成为一个海上霸王。其动员既如是的耗费，而人民也要被强迫在他们生活领域不能习惯的方向进展，所以很难能持久。**

我们检讨这段历史之余，就觉得虽在七百年后的今日想写一部较详尽的传记包括忽必烈之一生，仍有相当困难，他的心理因素复杂，有些不见于原始资料。可是要概括元世祖在中国历史上的地位则并不太难。他和其他创造中国朝代的人物一样解决了当日一大部分问题，可是也制造一部分新问题（这也是大历史着眼之处，不然中国的历史就不会贯穿各朝代的前后联系）。他不仅统一了从五代十国后期就已分裂的南北，而且以一个征服者的姿态出现，也比较稳健温和。和他作对的侄子海都就曾和其他王子立誓不改变成吉思汗的传统。如此我们也可以说忽必烈至少缓和了蒙古向外发展的残暴。只是蒙古人认为他的汉化过度，中国人则认为尚不够。这也是**历史上找不出一个同时管理草原文化与中国精密耕作而产生的文化之共通体制，因之忽必烈到处妥协，他留下的传统也没有真实的力量。**

元顺帝

元顺帝值得我们在这里特别提出讨论,不是因为他之个性和作为有特别之处,倒是由于他处境之特殊。元朝一共有十一个皇帝,第一个皇帝世祖忽必烈从他称帝之日算起,在位三十四年(起先的十二年不称元朝)。兹后的九个皇帝一共只经历了三十八年。而最后的一个顺帝却又在位三十五年。这三十五年内,元帝国由一个无可奈何的局面终至土崩瓦解。最后明军之北伐,如摧枯拉朽。元朝的覆亡,与其他几个朝代类似。只是通常我们看到异族入主,北方的游牧民族以强悍的骑兵南侵,所向无敌。这次却以多数民族为主,以长江以南为根据地席卷华北。元将或死或降。最后顺帝直到通州失守,才夜半开大都(北京)的健德门北奔,时为1368年,也是明洪武元年。两年后顺帝因痢疾死在内蒙古之应昌(多伦北),他的后妃皇孙全部被明军俘虏,只有太子率十余骑遁去。明朝认为妥欢贴睦尔(Toghon Temtir)在国破家亡之前夕,不背城一战,而决心逃窜漠北,是为"顺天命",所以称他为元顺帝。

传统历史家以"朝代历史"为着眼,顺帝御宇的三十五年元朝的统治力量与威望都已江河日下,总不外"马上得天下马上治之"的必然后果,那么也就没有如何值得琢磨、切磋之处了。我们不以为每一朝历史尽是他朝之殷鉴。在前述特殊情形之下,倒也有机会看出中国传统政治的真髓。而且失败也不一定是由于错误，有时某种人文因素在某种环境之下注定的无法顺利的展开。我们看到一个少数民族虽获得政治领导权而不愿迁就于多数民族政治体系之需要，其统治不能长久。**我们虽一面以今日的眼光批评这种体制（因为这是今日读史的首要目的，也就是要把今人的地位解释得合理化），一方面却也领悟到当时限于组织上技术的能力，选择的机会至少**（不然我们就不能了解何以历史不能缩短，何以中国不能超次越级的立即进入现代）。

接着元朝的是朱明王朝。洪武帝朱元璋很多的设施，今日看来是极不合时宜的，而当日他偏要那样做。也只有将隋唐宋元的历史一口气地看下去，才能体会到他的处境和我们不同，而此中的背景，元顺帝的一段也不可少。

从顺帝的本纪我们不容易看出他的个人性格。传统的作史者，也有把他写作一个典型的亡国之君的情势。比如说：他喜欢田猎，有一次猎于柳林，凡三十五日。他也有西僧教他"行房中运气之术"或称"善秘密法"。若干私人留下的笔记说他和喇嘛僧有公众的淫行，甚至牵涉官员妻女。他也在国事蜩螗之际，于内苑造龙船，"帝自制其样，船首尾长一百二十尺"。又造宫漏，"其精巧绝出，人谓前代所罕有"。此外他教宫女使用各种乐器，在赞佛前舞蹈，都是他"怠于政事，荒于游宴"的证据。这种说法，与记载其他很多亡国之君的行止，如出一辙，其真假不论，只是要将元代之覆亡，归咎于最后的一个皇帝之缺乏道德与责任感，就有歪曲事实的嫌疑了。

妥欢贴睦尔原来是元朝宫廷政治的牺牲者。他以先朝皇帝的长子被流放，首先住在朝鲜北部的一个岛上，次安置于今日之广西桂林，他曾读少量的汉文书，但是根柢不深。1333年他十三岁突交好运，被几个权臣迎接出来做皇帝。但是起先七年他完全受制于立他的伯颜（很多蒙古人用这名字，此不是灭宋之伯颜）以及当时的太后婶母不答失里的势焰之下。1340年他才利用伯颜之侄脱脱（也有不少的蒙古人用这名字，详下）策动政变，将伯颜及不答失里流放，自主地做皇帝。从他的形迹看来，顺帝是有权能的政客，适于生存，富于弹性，愿意将就妥协，擅长利用一个人物或一种机构去平衡另一人物或因素。例如他自己好佛而主持佛教的各种仪节，却又经常出席经筵听儒臣讲解诗书。在他手下蒙古人和色目人占上风，他却援引一个汉人贺惟一做御史大夫和左丞相。贺说这些职位依成例只有蒙古人能任就，皇帝则赐贺蒙古姓名太平，一定要他居此职位，并且诏省台官兼用南人。他的本纪里也看不出任何偏激的言辞。他对臣下的谏劝接纳与否，也不追究进谏人，我们想象以当时宫廷处境之艰难，妥欢贴睦尔只能将就现实。他固然没有领导能力，可是要不是他的机警圆滑，也决难在位如是之久。

顺帝的处境，简略言之，即在元世祖的时代就已排定妥。忽必烈一心要保全蒙古人血统与语言的完整，这在中国以小自耕农为社会主体，实行官僚政治，利用教化作为行政工具的条件下，就已经格不相入，即算忽必烈没有种族主义的心肠，他的政策已经有了种族主义的后果。并且在无形之中,已经将蒙古人的部落思想,带入大都的政治里去。甚至成吉思汗的家法,以"忽烈而台"的选举方式产生大可汗,也给元朝政治留下了一种不良的影响。忽必烈自己的称帝,已经违法,以后皇位的继承人也预先立为太子(甚至弟兄互为皇帝与太子)。可是新皇帝在上都登基,蒙古的宗藩诸王俱在,并且每年春夏要驻留上都,要是某一派系的坚决反对,即侥幸在位亦难长久。这也和专制时代天子出诸天命是人间最高的权威观念相冲突。况且元朝的皇后,依成例有她掌握的户口钱粮,有下属的职官,更足以代表她出身的门系之利益。这些条件都促成宫廷政治的不稳。顺帝以前的九个皇帝之内,英宗和明宗被弑,天顺帝只九岁,在兵变时不知所终,宁宗只六岁,在位两月逝世,至今历史家还怀疑他死于非命。以上还没有算到成宗与武宗间的安西王阿难答。他也和顺帝一样被簇拥到大都,只是刚称摄政,还没有做皇帝,就被执押解到上都见杀。

　　自从世祖忽必烈之后,元朝只有一个皇帝,有带兵作战的经验,此即是顺帝的祖父后来称武宗的海山(Kaishan),他在1299年率领元军到中亚细亚与窝阔台的孙子海都作战。后者始终不承认忽必烈的元朝为合法,甚至元帝纵是中国的天子,也不是蒙古人的大可汗(详本书"成吉思汗和忽必烈"末段)。他纠集了很多成吉思汗的后裔,曾一度将两方之间七十万的人口驱逐到中国境内。海山镇漠北之后两年海都去世,他的联盟瓦解,海山又继续执行五年的扫荡工作,永远解除了元帝国在西北部所受的威胁,才回上都做皇帝。因之在他手下立战功者,产生了三位权臣。一是燕帖木儿(El Temür),一是康里脱脱

(Toghto the Kangli),而最后一位则是上述的伯颜(Bayan the Merkid),燕帖木儿和康里脱脱都是色目人,属于中亚的突厥语系,而伯颜属于蔑儿吉觯氏,虽是蒙古人,不属于元朝皇室的正统。在1333年武宗早已去世,元朝的皇位也经过很多的周折,可是这时康里脱脱已经早死,燕帖木儿虽然也参与拥戴顺帝,而且将女儿立为顺帝的第一任皇后,他自己却在顺帝正式登极前二月去世,再二年之后,他一家全被清算,其中伯颜的力量为多,因此伯颜成为顺帝朝中惟一的跋扈权臣。

顺帝登极不久,伯颜以太师为右丞相,封秦王(据说那天秦州地震),以后更废左丞相,自此独揽相权。德国汉学家 Herbert Franke 说:"他确定的是反对中国人的,因此他就与年轻的皇帝冲突,而皇帝倒倾向于臣下对中国传统多少有些关心的蒙古官员。"

可是妥欢贴睦尔十三岁做皇帝,十五岁亲眼看到他的皇后被伯颜牵去处死,他的同情和倾向,在他登极首七年之内,也不会发生任何实质上的作用了。

在伯颜主持之下,元朝废科举。这种公开的考试制度在元朝本来发轫已迟,直到1315年才第一次举行,去开国已五十五年,并且其条制将蒙古色目人分为一科,汉人南人另分一科,因此前二者人口,只有全国的百分之三,其分配名额倒有总数的百分之五十。并且朝中的大官除少数例外,一向都是蒙古与色目人包办。至此连这种考试刚行二十年,也一并停止,以后入仕禄除了少数由学校生员出身之外,就靠父祖的勋绩荫官,或以吏员补官、或以卫士久侍近闼升官了。

伯颜又以汉人造反，重申汉人高丽人及南人不得执兵器之禁。《元史》说他曾提议杀张、王、刘、李、赵五姓人，读来好像不近情理。可是他又确曾以顺帝名义下诏："汝宁棒胡、广东朱光卿、聂秀卿皆系汉人。汉人有官于省、台、院及翰林集贤者可讲求拘捕之法以闻。"而更不合理的，则是他又禁汉人学习蒙古文及色目文。一方面元朝法律有明文规定：凡五品官以上所进表章都要以蒙古文为正本，汉文为副本。

伯颜于1340年败后，他好多措施都被放弃，譬如科举又已恢复。只是有些原有种族上不平等的法令，依然存在，例如"诸蒙古人与汉人争，殴汉人，汉人勿还报，许诉于有司"。又如"诸蒙古人因争及乘醉殴汉人死者，断罚出征，并全征烧埋银"。这类条文与元朝及顺帝全始终。我们今日提出这些文件，也不专在替汉人鸣不平（因为鸣不平没有浓厚的历史意义），而是指出**元朝人不明了中国官僚组织的真性格，因此也不明了他们自己所作所为的真实意义。**

从长远看来，要是蒙古人决定了他们自己统治者的地位和色目人的次要地位，都应长久地保持，有如世袭的阶级（caste system），则他们的政治体系也应当构成"封建"（feudal）形态。这也就是说，自始就以地方分权的办法，听任宗室王子主持他们采邑内部各种民事刑事，王室只要求他们供应军事上的人员马匹，并且按时进贡，然后各采邑才能彻底地举行次层的封建（subinfeudation），这样才能将全社会构成一个金字塔的模样，全民都有尊卑长幼的序次，而且通过遗传，永不更动。更之地产也要与政权不相划分，经理人员则为武士，如此才能防制社会的流动性摇撼全部体制。同时享有特权者，也各有他们在社会里固定的功能（function）。日耳曼之部落在中世纪以前征服西欧时，就用这种体制，产生了西方的封建制度，而且维持好几百年。可是事实上忽必烈的组织系统，又采取中央集权制，不仅地方政府分为路、府、州、县，官员由大都委任，而且再由中央政府派出行中书省、行枢密院和行御史台。《元史》里面的"百官志"，名目浩繁，共有文散官四十二阶武散官三十四阶，依原则各官按品级都能互相交替，甚至"投下"（贵族的食邑）也由中央政府设官分职的看管，佛教的寺院则成了贵族出纳款项的银行。于是食禄的贵族全无责任，反因他们利薮之所在，开倾轧争夺之门。

蒙古人倾向实际，不耐心于中国传统政治的道德观念和抽象原则。殊不知官僚政治虽有无数矫揉伪饰的地方，其提倡对自身的约束和对人的揖让却并不是全部做作。并且这种道德观念确是各人衷心奉行，或者只成为社会上的一种压力没有实际的区别。在当日无法将亿万军民个别的管理得全无差错的时候，这些抽象原则之精神上的力量仍不可忽视。最低限度它们维持官僚体制上逻辑的完整，间接培植着民间对朝代的信心。一般说来，蒙古人不能体会到这种文化上的因素是一种行政的工具，语言上的隔阂，无疑的有决定性的影响。即算对儒家思想最为崇重的仁宗爱育黎拔力八达（Ayurbarwada）一朝也不过由皇帝的命令将《大学衍义》、《贞观政要》和《资治通鉴》译为蒙古文。以双方心理上和社会习惯上的距离之大，其隔阂不能因此弥补，当时汉人留下很多蒙古人不通文墨、他们不屑与之为伍的纪录。

其实官僚不能朗诵诗书,皇帝的圣旨以俚语抄传,本身不一定成为行政上的差错,但是集体的讲则是这些因素在中国特殊的环境里,构成统治者不能赢得被统治者自动合作的关键之所在,伯颜不过将这鸿沟更加显明的公诸众览而已。

中国的好几个朝代,都有"中兴"一事。大概朝代初年的军制和财政税收,到中期已失时效,中兴需要一番挣扎,一般新的安排或是改组,或是局部的修正,都要通过社会的中层〔中国作家强调"士大夫",外国作家则指名为"绅士阶级"(gentryclass)〕才能透入到基层机构的民间里去,这时候不是朝廷的一纸通令可以达到目的,也不是全靠军事行动所能生效,民间对朝代的信心,常有左右全局的可能。在这里我们也可以断言蒙古人的元朝没有通这一关。要不是过去的纪录太坏,人心离散的话,顺帝这一朝,有脱脱(此是伯颜之侄非康里脱脱)的领导力量,修辽金宋三史,修贾鲁河,使黄河入故道,又有扩廓帖木儿(Köke Temür)的军事领导力量,朝廷又一度使方国珍降伏,恢复海运,看样子并不是全无中兴的希望。

顺帝朝覆亡的近因,由于财政破产,政府所发的纸币贬值,灾荒时无法适时救济。1351年农民叛变,延及今日的安徽河南湖北各处,将南北的交通截断,于是盐徒张士诚乘机占领东南产米的地区,海盗方国珍则阻止了向北的海运。元军能作战的只有孛罗帖木儿(bolod Temür)和扩廓帖木儿。后者原名为王保保,因他姑父察罕帖木儿(Caqhan Temür)作义子才取蒙古姓名。这时候元军也就是就地招罗人马、饷馈士卒、收纳叛军。孛罗和察罕又因争山西的地盘内讧而动干戈。那原来以强悍著称的蒙古骑兵和探马赤军（蒙古以外的人种所组织）这时何在？一个最简捷的答复，则是几十年来，他们只有特权，没有经常的功用，大部人员脱籍改行，所存在队伍也多虚籍，而且饷项也没有经常的供应，不仅中国的腹地如此，内外蒙古的根据地也一时动员不起来。一个显著的例子，则是农民军有一支其领导人称为"关先生"者，以游击的方式，先攻保定不下，就西向取大同，又出塞占领上都，"焚宫阙，留七日"，后来更入东北，至辽阳涉高丽，再折回又威胁上都，最后才给孛罗帖木儿击降，可是如人无人之境已六年。

元朝最后十年内，宫廷多阴谋，能作战的将领则被处死，也和多数民族所主持之朝代的覆亡如出一辙，最后只剩了一个扩廓帖木儿（他的名字意为青铁），朱元璋也称他为"奇男子"，可是为时已晚，只能随着"北元"的流亡政府效忠于塞外。

中国的"第二帝国"经过北魏北齐北周和隋的经始，有了唐朝的发扬光大，又经过五代十国的地方分权，和宋之再统一。元朝的试验，又没有产生任何积极性的结果。等到朱元璋组织明朝时，他一方面好像行动自由，全帝国由他摆布；一方面他的视界也仍受近千年来历史衍进的限制，因之他的作为，也仍无法超时代的发展了。

大陆版卷后琐语

　　这一本集子收录了我在《中国时报》"人间副刊"发表过的33篇历史文字，发表的时间自1987年年初至1989年夏天。所包括的内容自先秦至元末。其重点则表彰中国历史有它的特色，经过各朝代及政治上分裂的阶段，前后连贯。各篇虽大致以人物传记之体裁为主，所叙事之影响，远逾当时人之人身经验，积累之则与我们今日之立场仍然有关。

　　自明朝至现今的一段，原拟定也照同样体裁叙述，出版者还盼望我出一本《赫逊河畔再谈中国历史》。只因历史的进展成螺线式，愈至后端积累的分量逾重，内容也更复杂，其内容不容易保持文艺副刊的风格及篇幅的限制，而我目下也有好几种工作，不容易摆脱。所幸已有《万历十五年》、《放宽历史的视界》，英文本 China：A Macro-history（中文本题为《中国的大历史》可望于年内出版）及《资本主义与廿一世纪》（已在台北编排完毕，即将出版，英文本也在编撰中），都由作者执笔。读者不难从此中看出，上述前后连贯的特性并未因元朝而中断，可以由明清而持续迄与今日。而且在20世纪末季，中国的历史也确切的与西洋文化汇合。

　　对大陆的读者讲，则因上述书刊尚待问世，刻下有将所谓"持续"及"汇合"两点扼要作梗概的报告之必要。

中国虽然在历史上产生过九个统一全国的大朝代（秦、汉、晋、隋、唐、宋、元、明、清）和十多个到二十个的小朝代，为研究检讨的方便起见，我们仍可称秦汉为"第一帝国"，隋唐宋为"第二帝国"，明清则为"第三帝国"。第一帝国的政体还带贵族性格，世族的力量大。第二帝国则大规模地和有系统地科举取士，造成新的官僚政治，而且将经济重心由华北的旱田地带逐渐转移到华南的水田地带。在第一第二帝国之间有过三个半世纪之上的分裂局面（晋朝之统一没有实质）。若将第二帝国与第三帝国比较，则可以看出第二帝国"外向"，带"竞争性"。与明清之"内向"及"非竞争性"的迥然不同。在财政与税收的方面看来，其性格之差异尤为明显。第二帝国带扩张性，第三帝国则带收敛性。两个帝国之间，也有了元朝作转变和缓冲的阶段。以上都经本书道及。

朱元璋于1386年创建明朝，他的种种措施在中国近代史上讲实为不利。他看到宋朝以经济最前进的部门（如纺织业、冶金、铸币、水运等）为主体造成行政之张本，结果节节失败，却没有看透其原因乃是带服务性质的事业（民法、商法、保险业及银行等）没有展开，私人财产权缺乏固定性，无从在数目字上管理。他只凭己见认为凡是提倡扩大经济范围的说法即是"与民争利"和"聚敛"，亦为道德败坏之征象。明实录的《太祖实录》里有这样的一段："上曰：'……昔汉武帝用东郭咸阳，孔仅之徒为聚敛之臣，剥民取利，海内苦之。宋神宗用王安石理财，小人进竞，天下骚然，此可为戒。'于是言者愧悚，自次无敢以财利言者。"朱元璋也曾斥汉朝的桑弘羊和唐朝的杨炎"得财有限，伤民无穷"，而自谓"我国家赋税已有定制，撙节用度，自有余饶"。他用这种思想作出发点，又将撙节的宗旨一再宣扬，各地区的赋税数即立碑刊刻于户部。兹后数百年正是西欧各国飞黄腾达的时候，中国的第三帝国即因其所赋有的永久性格，长期蛰伏着不图长进，我们也可视之为宋朝企图全面突破而失败之后的一种反动。

明朝的财政与赋税以较落后的部门（如人丁之丁、谷米之石）为基础。300年前王安石变法时用代役金所免除之"役"，此时又全面恢复，而以人身服役为原则，即各级衙门所用文具纸张，桌椅板凳，军队所用兵器弓箭，公廨之整补修理均无预算之经费或供应之承办者，而系无费由各地里甲征集而来。朱元璋更利用"胡惟庸案"、"蓝玉案"、"郭桓案"及"空印案"造成大批冤狱去打击巨家大室，以致"民中人之家，大抵皆破"（《明史》刑法志）。1397年户部报告，尚有七百亩田产以上者，全国凡14341户，其名单也进呈"御览"。如此造成全国皆以小自耕农为主的庞大之扁平体，由高高在上的皇帝指挥，虽有短期间之平等，而缺乏经济上之组织与结构。

唐宋时之转运使在各地区间活动，手中有大量物资周转，明朝放弃此种办法。朱元璋的财政体系成熟之后全国充满了此来彼往的短补给线。一个边防的兵镇可以接受二三十个县的接济；一个县也可能向一打以上的机构交纳财物。户部不再成为一个执行机关，而是一个庞大无比的会计衙门，只能核销小数目此来彼往的供应，无从筹牟全局的重新分配，在此情形之下，服务性质的事业也永远无法展开。大凡现代化之前，民间的经济组织，有赖于政府官衙交往开始。意大利的银行家即因代教皇输纳各地的十一捐而发轫，日本的"藏元"和"两替"也系承差于幕府及各大名，才开始出头露面。中国明清间的商人始终无此机缘。

过去有些历史家以为明后季行一条鞭法，朱元璋的财政税收体系，即已改进。殊不知财政与税收为承纳于一个国家的高层机构与低层机构间之法制性的联系，牵涉到官制与兵制，以及乡村里甲和城市街坊间的结构，也与法庭判案的能力与社会风尚全部有关。明清的制度，既然如此之特殊，如果一经更革，则以上各种因素全要更革。一条鞭法只是各地会计制度局部间的修正，与全面更革的范围相去至远。五十年前梁方仲研究一条鞭法，其结论则是行一条鞭法后明代的财政税收仍是"洪武型"。我们也可以更大胆地指出，虽有明清之交替，康熙时将丁额永久的固定，雍正时的火耗归公，五口通商后新式税收开始出现，与太平天国作战期间开始征收厘金，所述"洪武型"之财政仍与第三帝国全始终。我们只要从鸦片战争时支持扬威将军奕经的军费和甲午中日战争前供应北洋舰队的经费即可看出：清代承明之旧，只有零星支付局部需要的能力，而无全面经济动员打破局面之可能性。所以从长时期远距离的角度看来，明清之体制为一元。

什么是洪武型的财政？简言之为缺乏眼光，无想象力，一味节省，以农村经济为始终，凭零星杂碎之收入拼凑而成，当中因素都容易脱落。并且只注重原始型的生产，忽视供应行销间可能的技术上之增进。可是说到这里我们也要附带申明：这种观点只因我们在六百年后体会到一个内向和非竞争性的国家，不能适应于外界新潮流之创痛才能产生。在 14 世纪明太祖朱元璋决策时,一般人士未尝不以之为得计。一个大陆性格的国家动员时注重数量而不注重质量,企图长期保持各地区间之平衡,不计较对外折冲时一时一地的祸福得失,都有它特殊之逻辑,所以用最低度的因素为全国的标准,并不完全是缺乏头脑。明朝为中国惟一用兵由南至北而统一全国之朝代,而且因为其资源零星搁置,各地的总督巡抚无从跋扈割据而尾大不掉。有明一代除了有几位王室人物和农民造反外,并无文武官员拥兵自重背叛朝廷的情事。像嘉靖朝的张经和崇祯朝的熊廷弼都可以由皇帝一纸文书的逮捕,随意处决,为以前所未有。而承着明朝的 276 年之外,清朝又继续如此的纪录达 267 年。除了所谓"后三藩",系明降将曾举兵反之外,再无一个重臣背叛朝廷这样的纪录,为西方之所无,在中国也仅有。因为其整个社会重文轻武,国家不待军事力量而依然存在,于是更提倡社会价值(social value),所产生的社会秩序,以"尊卑,男女,长幼"作纲领,有替代法律之功效。虽说今日我们已不能欣赏此作风,也知道其标榜不尽符合事实,却无法否定其为地缘政治下之产物。本书已一再提及中国反映着亚洲大陆的特殊需要,政治初期早熟,以熟读诗书之士人统治大量农民,无法应付变数(variables),所以才强调均一雷同(homogeneity and uniformity)。这些特点都因明清帝国而发展到尽端,直到鸦片战争才彻底暴露这样的体制不能在现代社会里存在。

一提到现代社会,则当中端倪纷纭,可以发生无限的争执。我个人也花了近十年的时间,也根据着居留在英国、日本、美国和旅行其他各地的经验，则发现先进国家完成现代化之程序，当中无不有一个从以农业作基础的管制方式进而采取以商业为主体的管制方式。其先决条件，对外能自主，对内铲除社会上各种障碍，使全部经济因素概能公平而自由的交换，然后这个国家，才能"在数目字上管理"。

在数目字上管理亦即全民概归金融及财政操纵，政府在编制预算、管理货币、厘定税则、颁发津贴、保障私人财产权利时，即已普遍地执行其任务，而用不着张三挨打，李四坐牢，用"清官万能"的原则，去零星杂碎地去权衡各人道德，再厘定其与社会"风化"之影响。只是农业社会里人与人之关系为单元，商业社会里，人与人之关系为多元。这体制上之改变，绝非轻而易举，通常等于脱胎换骨。大凡近世纪各国的革命和独立运动，流血不止，通常与这种改变有关。这也就是说，一旦某一个国家能在数目字上管理，到底使用何种数字，尚可以随时商酌，大体上以技术上的要求做主，不必笼统的以意识形态为依归了。

说到这里，我更要提醒读者：中国过去百多年来的动乱，并不是所谓道德不良，人心不古，也不是全部军人专横，政客捣乱，人民流离。清朝统治中国 267 年，本来也是"气数将尽"，这也就是说专制政体全赖人治，当初皇帝如康、雍、乾日理万机，还能称允文允武，以后之君主实为典章制度之囚人，况且宫闱间的纠纷与黑幕愈多。及至慈禧太后主废立，咸丰、同治、光绪、宣统之一代不如一代，已难能维系人心，遑论及忠臣烈士之"死社稷"，是以本来即有覆亡的征象。再则参入这"换朝代"的机缘中，又有了一个"改造帝国"之必要。

明清两朝合并为543年，也和第一帝国之441年及第二帝国之698年（内有五代十国之分裂局面54年）大致上等量齐观。这第三帝国既有收敛性之财政税收，经过如是长时期之积习相沿，也是与时代落伍。即在人口增加，交通进步之情形下，也需要在官僚组织与土地制度上有一番更革。而中国是一个大陆性格浓厚的国家，与西方和现代社会用数目字管理之距离愈远，更无从局部的改组。

所以中国的长期革命，费时必多，为患必烈。法国"老虎总理"克里曼梭（Georges Clemenceau）曾说革命总是一个大整体，一个大方块。亦即一经发动玉石俱焚，很难照应到各人各事内在的公平。康梁百日维新失败后，谭嗣同自愿牺牲，即是已经看穿长期流血之无可避免。

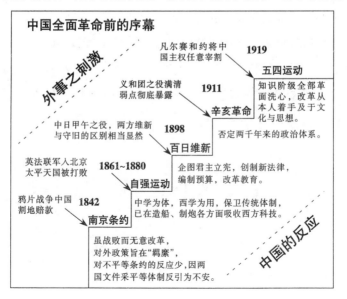

从上图表看来，中国即准备从事长期革命，业已费时77年。因为当时极少的人能看到全局之高低纵深，大多数人士只能随着内外压力，一步逼一步，逐渐觉悟到大规模改革之无可避免。迄至辛亥革命之后肇造民国，犹且不能解决问题，才有五四运动之展开，知识阶级觉悟到改革必从本身着手，及于文化和教育。

最后我希望与本书读者共同保持一点检讨中国历史的心得，此即当中的结构庞大，气势磅礴，很多骤看来不合情理的事物，在长时期远视界的眼光之下，拼合前因后果，看来却仍合理。中国既已在20世纪几乎亘全世纪尽瘁于革命，动员三百万至五百万的兵力和强敌作殊死战八年，即已打破四千年的纪录，在人类史上也是仅见，土地改革规模之大，行动之彻底，亦超过隋唐之均田，其目的不在短时间的平等，而在给新体制一个合理的出发点。现在进入建设时期，应当能克服困难，使国家资本有民间经济作第二线和第三线的支持，在新世纪里成为一种稳定全世界的重要因素。我们希望如此，我们衷心希望如此。

1991年2月于纽约州